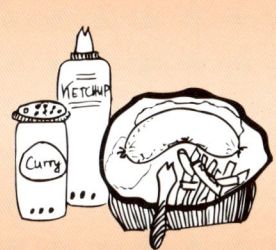

© RASS'SCHE VERLAGSGESELLSCHAFT GmbH, Bergisch Gladbach
1. Auflage 2001
© Gertraud Sander, Text, Zeichnungen, Bilder
Einbandgestaltung: Team S
Druck: Rass GmbH & Co. KG Druck & Kommunikation, Bergisch Gladbach
Printed in Germany 2001
ISBN 3-9807574-5-5

Vertrieb: RASS'SCHE VERLAGSGESELLSCHAFT GmbH
Höffenstraße 20-22 · D-51469 Bergisch Gladbach
e-mail: a.rass@rass.de · http//www.rass.de

Gertraud Sander

Nudeln,
Tomaten,
Knoblauch und
mehr

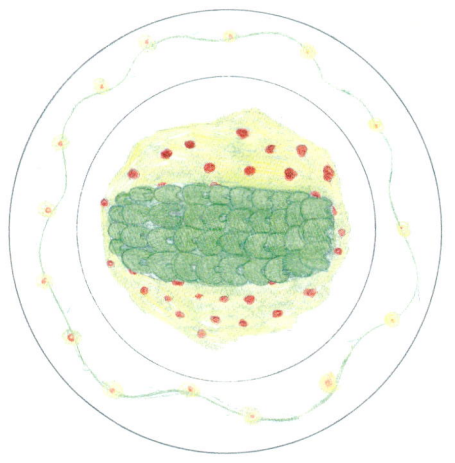

Kleine Kochanleitung für Kids und Teens
mit einem Vorwort und Rezept von
Drei-Sterne-Koch
Dieter Müller

RASS'SCHE
VERLAGSGESELLSCHAFT
GMBH

Vorwort

Das Kochbuch für Kids „Nudeln, Tomaten, Knoblauch und mehr" ist allen kochbegeisterten Mädchen und Jungen gewidmet, zum Neugierigwerden und Ausprobieren.

Essen ist Genuss, macht Freude und erfüllt alle unsere Sinne.
Kochen macht Spaß.
Erleben unsere Kinder das recht früh, geben wir ihnen schon viel Schönes für ihr Leben mit.

Der Mutter beim Kochen helfen, dabei sogar mit dem scharfen Messer hantieren, den Pizzateig mit den Händen bearbeiten und erfahren, wie glatt er sich anfühlt, Zutaten mischen und endlich das Ergebnis probieren, das alles ist Genuss.

Selbst kochen, den Duft der frischen Kräuter schnuppern, beim Zwiebelschneiden weinen, das rohe Ei beim Aufschlagen zerdrücken, sehen, wie der Kuchenteig im Ofen hochgeht, das ist Spannung und Freude.

Die selbstgekochte Speise mit anderen gemeinsam essen, das ist eine besondere Qualität im Zusammenleben.

Sogar das Einkaufen der Lebensmittel ist ein gemeinsamen Erlebnis wert. Unsere Kinder lernen dabei eine ganze Menge über Zutaten, Qualität, Frische, Preise und über das, was die Hausfrau oder der Hausmann für wichtig, nötig und weniger wichtig halten. Wird das auch noch altersgemäß erklärt, spüren unsere Kinder, dass wir sie auch dabei ernst nehmen.

Alles rund ums Kochen geht nicht an ihnen vorbei, sie bemerken, dass die Herstellung unserer Speisen mit Zeit und Mühe verbunden ist, sich das aber in jedem Fall lohnt.

Sich Zeit zum Kochen nehmen ist gut und macht zufrieden. Dies möchte ich aus Überzeugung vertreten, gerade weil man uns heute eindringlich glauben machen will, dass es besonders beim Kochen schnell gehen muss.

Das fertige Produkt soll in Null Komma Nichts auf dem Tisch stehen. Die Werbung führt uns viele solcher Beispiele vor Augen. Auch zeigt sie uns, dass man zum Kochen vorher kaum Zutaten einzukaufen braucht. Hat man nur das notwendige Tütchen, Päckchen,

Döschen, Pöttchen als Fertigprodukt der Firma XY gekauft, dann ist jedes Gericht im Handumdrehen auf dem Tisch. Es schmeckt super gut und gelingt immer, sagt die Werbung.

Lebensmittel, so frisch wie möglich, auszuwählen und zu kaufen, das macht Freude. Beim Zubereiten die Aromen der Kräuter schnuppern, ein Stück knackige Möhre probieren und ihren typischen Geschmack zu schmecken, die Freude über den Duft der in der Kasserolle dünstenden Zutaten, das macht Kochen aus. Eigene Ideen ausprobieren und Zutaten mit viel Phantasie und Kreativität zu verwenden, das macht Spaß und zufrieden .

Gelingt es nicht, diesem Kochboom der Werbungsmacher etwas Handfestes entgegen zu setzen, werden unsere Kinder bald nicht einmal mehr wissen, wie eine Kartoffel aussieht, schmeckt, geschweige denn wissen, dass es viele unterschiedliche Sorten von Kartoffeln gibt, und dass man sie schälen kann, weil nur noch das industriell hergestellte Kartoffelprodukt aus der Tüte Verwendung findet.

Deshalb freue Ich mich über dieses praktische und liebevoll gestaltete Kochbuch für Kids, weil hier natürliche Produkte, geschmackvolle Zutaten, einfache Zubereitungen im Vordergrund stehen, und sich manche Lieblingsspeise unserer Jugend aus anderen Ländern darin findet.

Es ist immer etwas besonders in meinem Restaurant auf Schloss Lerbach Kinder zu bekochen. Vor dem Essen führt meine Frau die Kinder gerne durch die Küche. Dabei erleben sie dann unsere Küchen Atmosphäre. Über ein zufriedenes Kind im meinem Restaurant freuen wir uns alle, es ist der Gast von morgen. Außerdem bestimmt oft das Kind, wohin es mit seinen Eltern zu Essen ausgehen möchte. Wenn wir ein Lob von einem Kind bekommen, sind wir hochzufrieden, denn es ist ehrlich gemeint und direkt gesagt.

Dieter Müller
Gourmet-Restaurant Dieter Müller im Schlosshotel Lerbach
in Bergisch Gladbach

"Mach doch bald wieder Fleischklößchen. Mir läuft richtig das Wasser im Mund zusammen, wenn ich nur daran denke."
"Mama, wie machst du die Nudeln mit Sahnesauce? Kann ich das auch mal kochen?" Oder durchs Telefon: "Hallo Mama, wir kochen hier gerade Hackfleischsauce für Spaghetti, wie kriegen wir mehr Geschmack dran?"

Vierzehn und sechzehn Jahre alt seid ihr jetzt, und ihr esst gerne. Es ist euch dabei nicht wichtig, ob es ein besonderes Essen ist, oder ein belegtes Brot. Frisch und liebevoll hergerichtet und eurer Geschmack soll es sein.

Durch ihre Freundschaften kommen sie mit Küchen aus anderen Ländern in Kontakt. Sie erleben, wie Gerichte noch von Hand aufwendig zubereitet werden.

Ich freue mich über das Interesse an allem, was mit Lebensmitteln und Kochen zu tun hat. Ich mag es, wenn sie mir über die Schulter und in die Töpfe schauen und, wenn sie wissen wollen, wie dieses oder jenes gemacht wird und es selbst versuchen Viel Erfolg euch allen dabei.

Gertraud Sander

Inhalt

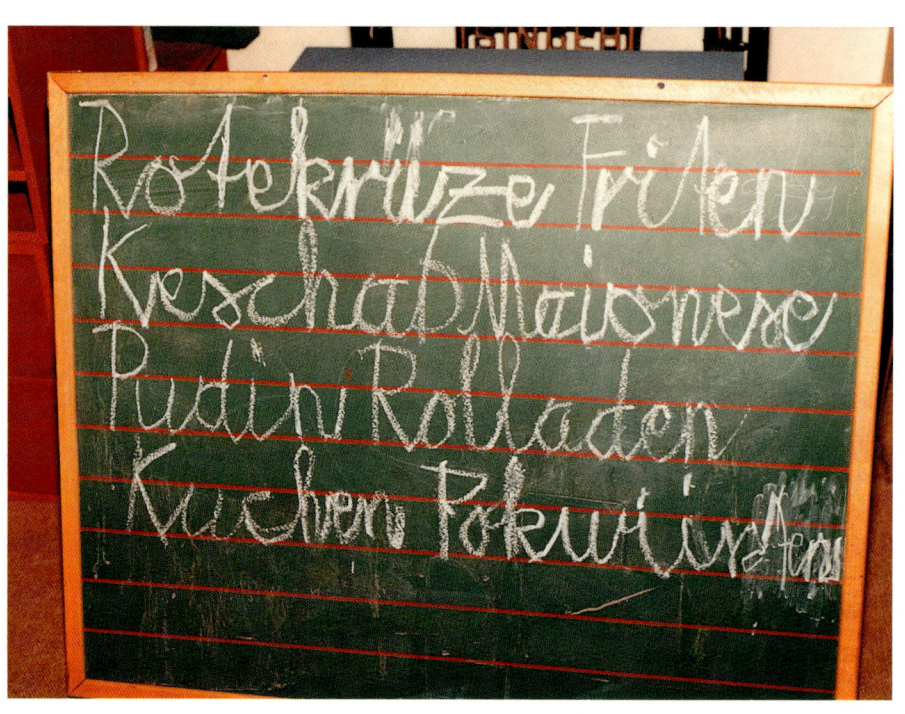

Kleine Gerichte, pikant und schnell

Pizzabrötchen

Croissants

Mit Käse überlaufenes Brot

Croque Monsieur

Tomatensuppe mit Croutons 1 & 2

Pfannkuchen

Currywurst

Hamburger

Bratlinge

Gefüllte Avocados

Pizzabrötchen

Ursprünglich stammt diese Rezeptidee aus Lottes geliebtem Winnie Puuh Kochboch. Beim Zubereiten haben wir das Rezept etwas abgewandelt.
Die Zubereitung dauert ca. 25 Minuten, und ihr braucht: ✎☆

1 Zwiebel,
entweder 1 kleine Dose Pizzatomaten oder ½ Paket (250 ml) passierte Tomaten,
etwas Fett (1 1/2 Esslöffel Butter oder 1 Esslöffel Olivenöl)
3 Scheiben Schinken,
6 Scheiben Käse,
Salz, Pfeffer, etwas Zucker,
1 Knoblauchzehe, getrockneten Thymian oder Oregano,
3 Brötchen (also 6 Hälften) und los geht's.

Die Zwiebel wird geschält, das bedeutet, ihr zieht alle festen braunen oder roten Zwiebelhäute ab. Dann könnt ihr sie kurz unter kaltes Wasser halten, damit verhindert ihr, dass die Zwiebel zu sehr spritzt und euch die Augen tränen. Auf einem Schneidebrett schneidet ihr die Zwiebeln in kleine Würfel, also erst die Zwiebel schälen, dann halb durchschneiden, dann sie mit der Schnittfläche aufs Brett legen, sie mehrmals längs durchschneiden, aber dabei mit den Fingern zusammenhalten, damit sie nicht auseinanderfallen, dann drehen und mehrere Querschnitte machen. Je mehr Schnitte, um so kleiner werden die Würfelchen. Das lernt ihr mit der Zeit und etwas Übung. Beim Zwiebel schneiden bewirkt der austretende Zwiebelsaft, dass ihr vielleicht gereizte Augen bekommt und euch deshalb die Tränen aus den Augen laufen.

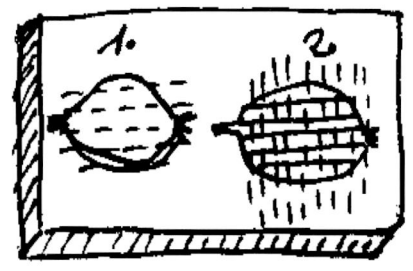

Auf die gleiche Weise werden die Schinkenscheiben bearbeitet. Legt die Scheiben aufeinander, damit es schneller geht.

Jetzt kommt die Pfanne auf die Herdplatte, die ihr auf mit mittlere Hitze einstellt. (Beim Elektroherd mit einer Einstellung bis 12, ist mittlere Hitze zwischen 5 und 6) Sucht euch eine Platte aus, deren Umfang so groß ist wie der Umfang des Pfannenbodens. Lasst das Fett zerlaufen, gebt die Zwiebelstückchen und die Schinkenwürfel dazu und dünstet alles gemeinsam an.
Vorsicht, Zwiebeln brennen schnell an, also nicht zu heiß werden lassen und zwischendurch umrühren.

Nun gebt die Tomatenmasse dazu und würzt mit Salz, Pfeffer, einer Winzigkeit Zucker - und wer Lust hat auch mit etwas Thymian oder Oregano.
Dann solltet ihr die Masse noch leicht köcheln lassen, damit die Zwiebeln weich werden. Wer es mit Knoblauch mag, nimmt eine geschälte Knoblauchzehe und drückt sie durch die Knoblauchpresse direkt in die Tomaten-Schinkenmasse hinein.
Die Brötchenhälften können vorgetoastet werden, sie werden nun mit der Masse bestrichen, teilt die Menge so auf, dass jedes Brötchen etwa gleich belegt ist, dann legt ihr den Käse oben auf und ab geht's auf dem Backblech in den heißen Backofen, oder in einer feuerfesten Form in den Grill solange, bis der Käse zu schmelzen beginnt.

Heiß auf den Tisch damit und Guten Appetit!

17

Croissants

Die *Croissants* sind, wie ihr schon selbst erfahren habt, ganz einfach und schnell gemacht ✎☆

1 Paket Tiefkühlblätterteig,
etwas Wasser,
eventuell jungen Holländer Käse, in Scheiben geschnitten.
Ihr nehmt ein **Paket Tiefkühlblätterteig** aus dem Gefrierschrank, die gefrorenen Scheiben legt ihr nebeneinander auf die Arbeitsplatte und lasst sie etwas auftauen, damit sie zum Bearbeiten weich genug sind.
Dann halbiert ihr die Scheiben, sie sind jetzt fast quadratisch. Mittlerweile habt ihr den Backofen auf ca. 220 Grad angestellt. Das Backblech liegt neben der Arbeitsfläche, belegt es mit **Backpapier**, oder bepinselt es mit etwas Butter, damit die Hörnchen nicht festkleben.

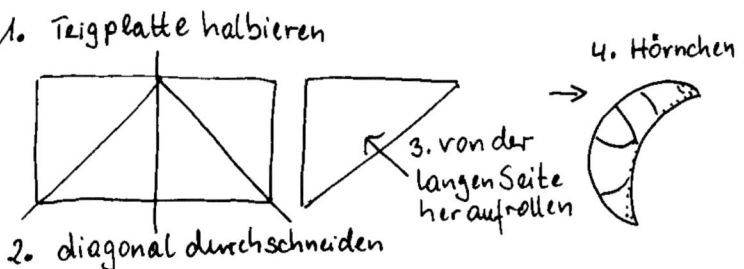

1. Teigplatte halbieren
2. diagonal durchschneiden
3. von der langen Seite her aufrollen
4. Hörnchen

Ihr habt in einem **Becher etwas Wasser** und einen **Backpinsel** vorbereitet.
Nun werden die Ränder der Teigquadrate mit wenig Wasser bepinselt und von der Spitze her aufgerollt, zu Hörnchen geformt, auf das Blech gelegt und ca. 10 - 12 Minuten gebacken.
Der Tiefkühl-Blätterteig ist ein sehr praktischer Teig, weil man ihn fertig kaufen kann. Blätterteig selbst herzustellen ist nämlich eine mühsame Kunst, die zu dem noch viel Zeit in Anspruch nimmt.
Zwei andere Teigsorten, den Mürbteig und den Hefeteig könnt ihr leicht selbst machen. Dafür solltet ihr besser keine fertigen Backmischungen kaufen. Wenn ihr euren Teig selbst macht, wisst ihr auch genau, was er an Zutaten enthält.

Jetzt kommt Lottes Lieblingssnack an die Reihe☆

Mit Käse überlaufenes Brot!

Dazu braucht man: ✎☆

**Brotscheiben, (Weißbrot, Graubrot auch Brötchen oder, was im Brotkasten ist),
jungen Holländer, in Scheiben geschnitten.**

Am liebsten nimmt Lotte jungen Holländer Käse, jungen Gouda, den sie sich in Scheiben auf das Brot legt und dieses dann in den Ofen schiebt, um es zu überbacken.

Wenn es in der Küche einen Kontaktgrill gibt, dann braucht man den Backofen für eine oder zwei Scheiben Brot nicht anzustellen, sondern legt die Brote auf den Grill und klappt die obere Seite mit etwas Abstand darüber, meist gibt es eine Vorrichtung, die das Überbacken ermöglicht.

Am schnellsten geht dieses Gericht, wenn eine Mikrowellengerät benutzt werden kann.

Es duftet dann appetitanregend nach leicht gebräuntem Käse in der Küche.

Croque Monsieur haben wir in Frankreich „mögen" gelernt. Eigentlich kannte ich diese Speise schon unter dem einfachen Namen Schinken-Käse–Toast.

Pro Person benötigt man ✎☆

2 Scheiben Toastbrot,
dazu je eine Scheibe gekochten Schinken,
2 Scheiben Käse,
geraspelten Käse.

Nun legt man auf eine Toastscheibe eine Schinkenscheibe und da drauf eine Käsescheibe und deckt die andere Toastscheibe darüber. Das Ganze kommt in den Grilltoaster und wird erhitzt, bis der Käse schmilzt. Das ist der Schinken-Käse-Toast.
Bestreut man nun aber diesen heißen Toast mit dem geriebenen Käse, überbäckt das kurz sehr heiß und serviert ihn mit Messer und Gabel, dann kann man einen *Croque Monsieur* verspeisen.
Damit sich bei euch in der Küche nicht ein Berg an gebrauchtem Geschirr und benutzten Küchenutensilien ansammelt, ist es sehr praktisch, zwischendurch immer etwas zu spülen, wegzuräumen oder schon in die Spülmaschine ein zu räumen. Dann ist es nach dem Essen nicht so schrecklich, wenn ihr in die Küche kommt.

Noch ein Gericht, bei dem Brot eine Rolle spielt. Aus der Fernsehwerbung kennt ihr die kleinen „knackigen" Brotstückchen zum Salat zum Beispiel. Bei mir habt ihr sie schon als Beilage zur Tomatensuppe mit Genuss gegessen. Nur kaufe ich sie nicht fertig, sondern mache sie selbst, denn das geht ganz leicht.

Tomatensuppe mit Croutons 1

Brotreste, in kleine Würfelchen geschnitten,
1 – 2 Zehen Knoblauch,
Öl oder Butter zum Braten

Für die *Croutons* braucht ihr **Brotreste**, die in kleine Würfel ge-schnitten werden. Es schmeckt mit Weißbrot und auch mit Graubrot. Je nach Brotmenge müssen **1 - 2 Knoblauchzehen** geschält und durch die Presse gedrückt werden. In einer großen Pfanne wird viel Fett (Sonnenblumenöl oder Butter) leicht erhitzt.

Dann wird der zerpresste Knoblauch hineingerührt und, das ist ganz wichtig, er darf nicht anbrennen. Vorsicht, das passiert schnell, also wählt nur eine mittlere Hitze aus.

Jetzt kommen die Brotwürfel dazu, sie werden gut gewendet, auch dabei immer aufpassen, dass die Sache nicht zu heiß wird, das Brot verbrennt sehr leicht.
Schon sind die Croutons fertig. Die Pfanne wird zur Seite gestellt, und der Topf, in dem die *Tomatensuppe* bereitet wird, kann auf die noch warme Platte gestellt werden

1 – 2 Esslöffel Butter,
1 Paket passierte Tomaten (500 ml),
Salz, Pfeffer, Zucker, etwas Zitrone
eventuell 1 Becher Schmant oder Creme fraiche
Nun kann die Platte wieder auf mittlere Hitze gedreht werden. Die Butter wird im Topf zerlassen
Jetzt kommt das Paket passierte Tomaten als Ganzes hinzu, gut um-rühren, am besten geht es mit einem Schneebesen, bis die Suppe zu kochen beginnt.
Nun wird gewürzt mit: Salz, Pfeffer, Zucker.

In die Tomatensuppe sollte, wie in jedes Gericht, das Tomaten enthält, Zucker gegeben werden, zwar nicht viel, ein halber Teelöffel oder noch weniger reicht meist schon, um den Geschmack abzurunden. Außerdem ist ein Spritzer Zitrone auch immer gut, damit der säuerlich-süße Geschmack so richtig herauskommt. Beim Würzen empfehle ich euch, euch langsam heran zu tasten. Nehmt lieber kleine Mengen, rührt um, probiert und würzt noch einmal. Zum Salz ein Tip, zuviel Salz schmeckt schlimm. Ihr merkt das sofort und stellt fest: „Das ist versalzen". Aber, eine Speise, die zu wenig Salz hat, schmeckt auch nicht. Sie bekommt dann ihren Geschmack auch nicht dadurch, dass ihr z.B. mehr pfeffert. Tastet euch mit dem Salzen vorsichtig heran, ihr schmeckt bald, wenn es gut ist.

In die Tomatensuppe könnt ihr – wenn sie nicht mehr kocht - noch hineinrühren: etwas **Milch** (die Suppe wird milder), oder einen **Becher Schmant** oder **150 g Creme fraiche** (die Suppe wird leicht säuerlich und sämig).
Im tiefen Teller serviert, mit den Croutons bestreut, schmeckt die Tomatensuppe prima.

Tomatensuppe mit Croutons 2

ihr könnt auch eine Tomatensuppe aus frischen Tomaten zubereiten.

Dazu braucht ihr für vier Personen

ca. 1 kg reife Tomaten, Salz, Zucker, eine kleine Zwiebel geviertelt, eine Prise Nelkenpulver, 2 Knoblauchzehen, einen Zweig Rosmarien und einige Basilikumblätter,
100 g Butter, 1 Esslöffel Mehl, 1/8 l Milch,
150 g süße Sahne oder 150 g Schmant,
Pfeffer frisch gemahlen,
Brötchen oder Weißbrot in kleine Würfel geschnitten, in der Pfanne mit Butter leicht geröstet.

Die gewaschenen Tomaten in Würfel schneiden, knapp mit Wasser bedecken, die Zwiebel, die Kräuter und die Gewürze hinzufügen und so lange kochen lassen, bis die Tomaten ganz weich sind. Alles in ein Sieb schütten und in eine Schüssel passieren oder, ihr nehmt die „Flotte Lotte". Das Gerät heißt wirklich so und ist ein Sieb, in dem man mit einer Drehvorrichtung passieren kann.

In einem Topf lasst ihr die Butter flüssig werden, gebt das Mehl hinzu und bräunt es leicht. Dann schüttet ihr etwas Milch an und rührt mit einem Schneebesen glatt, diesen Vorgang wiederholt ihr nun einige Male mit der **Tomatensauce**, lasst immer wieder zwischendurch aufkochen und erhaltet so eine sämige Suppe. Nun schmeckt ihr sie ab und fügt nach Geschmack süße Sahne hinzu oder den Schmant.
Garniert wird jeder Teller Suppe mit den Brotwürfeln und den Basilikumblättern.

Pfannkuchen ✫

Pfannkuchenrezepte und Zubereitungsarten gibt es so viele wie es Landstriche und Völker gibt.

Peter hat mit Randi gemeinsam zum ersten Mal Pfannkuchen bereitet. Mittlerweile habt ihr schon öfters mit geholfen und eure Lieblingszutaten bestimmt, wie zum Beispiel:
Pfannkuchen mit Schinken und Käse,
besser noch: Pfannkuchen mit Käse,
aber auch: süße Pfannkuchen
und: Pfannkuchen mit Apfelstückchen.

Bei 2 Personen benötigt ihr für den Teig ✎✫
4 ganze Eier,
ca. 300 g Mehl,
eine Prise Salz und eine Prise Zucker.
ca. ½ Liter Milch,
Sprudelwasser.
Butter zum Ausbacken

Zum Teig rühren nehmt eine große Rührschüssel, wie sie zum Handrührgerät gehört. Da hinein schlagt ihr ein Ei nach dem anderen. Schalenreste herausfischen.

Mit den Eiern hat es einiges auf sich:
Ich habe früher im Hauswirtschaftsunterricht gelernt, aufgeschlagene Eier immer erst einzeln nach einander in eine Tasse fallen zu lassen, um zu kontrollieren, ob das Ei nicht schlecht ist. Erst dann kommt es zu den anderen in die Schüssel. Gibt man ein solches zu den anderen, muss man alles wegwerfen. So verdirbt ein Ei nicht alle anderen Das ist vielleicht ein ganz guter Tipp.
Wenn ihr noch nicht so geübt seit beim Aufschlagen der Eier, dann ist die „Tassenmethode" auch ganz praktisch, weil sich Schalenstücke leichter herausfischen lassen. Nehmt am besten einen Messerrücken zum Aufklopfen der Eierschale und haltet das Ei über die Tasse, dann landet es gleich richtig und nicht so, wie es eure Schwester Sabine einmal gemacht hat!

Wegen möglicher Salmonellengefahr solltet ihr die Schalen sofort in den Kompost befördern, Reste von Eiweiß wegwischen und euch die Hände gut mit warmen Wasser und Seife waschen.

Mit dem Handrührgerät auf mittlerer Stufe die Eier verquirlen, bis sie eine hell gelbe Farbe bekommen, dann esslöffelweise Mehl zugeben. Ihr merkt, die Masse wird zähflüssig. Also schüttet ihr ca. 1/8 Liter Milch dazu, rührt weiter und löffelt wieder Mehl dazu. Jetzt fügt noch einen Schuss Milch dazu und verrührt kurz. Jetzt soll der Teig ca. 15 Minuten stehen bleiben. In dieser Zeit quillt das Mehl, der Teig wird dickflüssiger. Wenn er zu dick ist, gebt einen Schuß Sprudel dazu und rührt ihn kurz unter.

Ein besonderer Tip: Pfannkuchen werden besonders zart, wenn ihr Buttermilch verwendet.

Eine mittelgroße Pfanne mit einem Esslöffel Butter auf die Platte stellen; wenn die Butter zerlaufen ist, eine Kelle voll Teig in die Pfanne laufen lassen. Die Pfanne leicht anheben, damit sich der Teig überall auf dem Pfannenboden verteilt. Auf **mittlerer** Hitze hellbraun braten lassen, mit dem Pfannenheber vom Pfannenboden lösen und umdrehen. Auch diese Seite kurz leicht bräunen lassen.

Bleibt immer bei der Pfanne, Pfannkuchen sind schnell fertig.

Süßer Pfannkuchen:

Den heißen Pfannkuchen auf einen Teller legen und mit Zimtzucker bestreuen oder mit Sirup, Marmelade oder Schokoladensauce bestreichen und essen!

Pfannkuchen mit Beeren, Himbeeren, Blaubeeren oder Brombeeren lassen sich auch so zubereiten, mit Zucker bestreut schmecken sie köstlich.

Pfannkuchen mit Käse:

Den Teig bereitet ihr so, wie oben beschrieben. Während der Teig quillt reibt ihr den Käse.

Jetzt bräunt die erste Seite, wendet den Pfannkuchen und bestreut ihn sofort mit dem geriebenen Käse, stellt die Platte 2 Stufen schwächer, legt einen Deckel auf und wartet 1–2 Minuten. Nun ist der Käse geschmolzen. Stellt einen flachen Essteller neben den Herd, klappt den Pfannkuchen in der Pfanne mit dem Pfannenwender auf die Hälfte und legt ihn auf den Teller.

Pfannkuchen mit Schinken oder mit Schinken und Käse:
Alles geht so, wie ihr's schon kennt.
Der Schinken (roher oder gekochter, je nach Vorliebe) kann zerkleinert in einer kleinen Pfanne extra leicht gebräunt werden.
Dann kann man ihn so wie den Käse auf den Pfannkuchen geben.
Man kann ihn aber auch direkt in die Eierkuchenmasse hineinrühren.
Probiert aus, was euch am besten schmeckt.

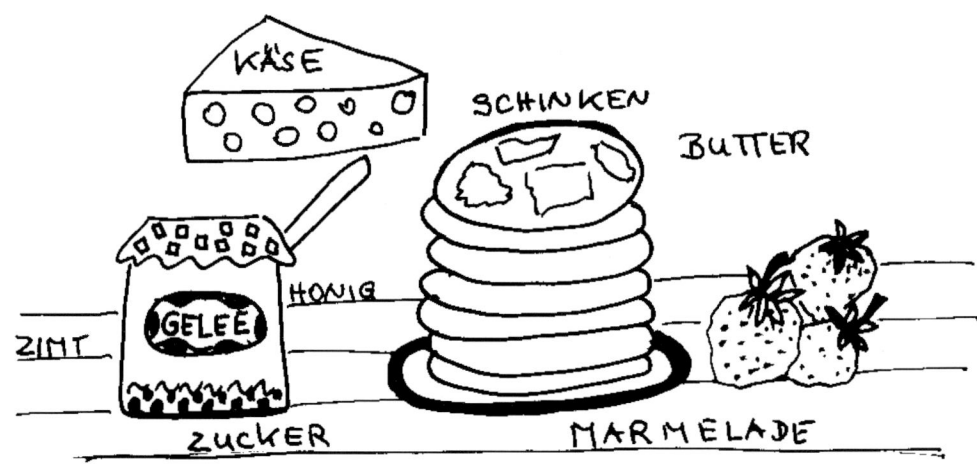

Jetzt ist die auch von mir so ge-
liebte *Currywurst* an der
Reihe. Im Ruhrgebiet, in Bottrop
und Oberhausen, wo ich gear-
beitet habe, gab's in jeder Im-
bissbude eine prima *Curry-*

wurst. Manchmal war die Sauce dazu richtig scharf, manchmal
schmeckte sie tatsächlich nach Curry. Jedenfalls, die *Currywurst*
gehörte für mich einfach dazu. So wie für euch heute die Türkische
Pizza oder das Gyros. Entweder bestellte ich sie mit Brot, oder wenn
ich sehr viel Appetit hatte, mit Pommes und Majo (was heißt:
Pommes frites und Mayonnaise). Ob sich diese Currywürste jedoch
messen konnten mit der, die die Berliner Erfinderin der Currywurst,
Frau Herta Heuwer, kreiert hat, das konnte ich nicht mehr feststellen, denn Frau Herta hat ihr Rezept zur Sauce, das sie vor fünfzig
Jahren aus einer Langeweile heraus erfunden hatte, niemandem
verraten. Sie ist im August 1999 gestorben.

Currywurst lässt sich so selbst machen✎☆

**Thüringer Rostbratwurst, pro Person 1 bis 2 oder auch 3 je
nach Appetit, etwas Bratfett wie z.B. Butter oder Palmin.**

Ihr kauft eine weiße Thüringer Rostbratwurst, im Unterschied zur frischen Bratwurst, und legt sie in eine Pfanne, in der schon Bratfett
heiß geworden ist.
Nun wird die Wurst ringsum schön gebräunt, immer aufpassen, damit sie nicht verbrennt!
Jetzt ist schon einmal die *Bratwurst* fertig. Die kann man nun sofort
essen, oder sie zwischen zwei Brötchenhälften klemmen, mit Senf
oder Ketchup garnieren und aus der Hand verspeisen.

Zur *Currywurst* aber gehört die *Sauce*✎☆

Dazu gebt ihr in einen kleinen Kochtopf

6 Esslöffel Ketchup (ihr wisst, dass im Ketchup viel Zucker steckt, aber wenn's schnell gehen soll, dann kann es ruhig auch Mal Ketchup sein)

1 Teelöffel Speisestärke

beides miteinander mit dem kleinen Schneebesen verrühren und langsam erhitzen,

4 Esslöffel Wasser hinzufügen und weiter mit dem kleinen Schneebesen rühren,

2 Teelöffel Currypulver untermischen, und nun beginnt das Abschmecken:

etwas **Salz**, vorsichtig mit kleinen Mengen heran tasten, etwas **Pfeffer**, möglicherweise sogar noch etwas **Zucker**, eine Prise, wie man so schön sagt, und wenn's noch nicht scharf genug ist, dann kann noch dazu: **scharfer Paprika**, **Chili**, Tabasco, Cayenne oder **scharfer Curry. Vorsicht, Tabasco, Cayenne und Chili sind sehr scharf.**

Beim Currygewürz gibt es große Unterschiede, da Curry eine Mischung aus verschiedenen Gewürzen ist, die in unterschiedlicher Dosierung zusammengestellt angeboten werden, von mild bis sehr scharf.

Wenn ihr frische oder getrocknete Chilischoten oder auch Pfefferschoten benutzt, werden immer die Kerne ganz entfernt. Zerkleinert die Schoten fein, bevor ihr sie dem Gericht hinzu fügt. **Achtung! wascht euch danach gründlich die Hände, faßt <u>nie</u> mit den Händen an die Augen denn der Saft aus den Schoten reizt die Schleimhäute ganz stark, es tut lange noch weh.**

Wenn euch die Mischung schmeckt, ist die Sauce auch schon fertig.

Die Bratwurst wird in mundgerechte Stücke geschnitten, auf einem Teller angerichtet und mit Sauce übergossen.

Die scharfen Chilis, die manche Speisen so pikant machen, gehören einer großen Pflanzenfamilie an, die man die man unter dem Namen CAPSICUM zusammenfasst. Sie werden in allen warmen Gegenden der Welt angebaut und gegessen. Es gibt die mild schmeckenden dicken gelben, grünen und roten, die länglichen hell grü-

nen Paprikaschoten, die dünnen langen grünen und roten Pfefferschoten, bis hin zu den teuflisch scharfen kleinen roten Chilischoten.

Nun zum Tabasco:
Erfunden wurde sie „scharfe Sache" vor ca. 130 Jahren von einem
Amerikaner schottisch irischer Abstammung. Auf einer kleinen Insel,
dem Avery Island in Lousiana pflanzte dieser Mister McIlhenny einige Pfefferschotensamen, die er von einem Freund aus Mexiko geschenkt bekommen hatte.
Sie wuchsen gut und trugen viele rote Schoten. Als er diese jedoch
probiert hatte, war ihm klar, dass sie nicht als Gemüse taugten. A-
ber, was sollte er mit den vielen Schoten anfangen?
Es heißt, er habe die kleine Ernte samt und sonders zerdrückt, mit
etwas Salz vermischt und dann 30 Tage ziehen lassen. Danach habe
er einige Tropfen französischen Weinessig hinzu gefügt und täglich
probiert, wie sich die Masse geschmacklich entwickelte. Nach einem
weiteren Monat füllte er die von den Schoten abgetrennte Flüssigkeit in eine alte Parfumflasche seiner Frau und von nun an bekamen
alle Freunde die scharfen Tropfen zu kosten.
Die Begeisterung der Tester veranlasste Mister McIlhenny seine
scharfe Sauce zu verkaufen.
Die ersten 350 Fläschchen wurden hergestellt und unter der Be-
zeichnung TABASCO für einen Dollar das Stück verkauft.

Ein Welterfolg nahm seinen Anfang.

29

Falls McDonalds geschlossen haben sollte, kauft ihr schnell im Supermarkt folgende Zutaten für eure *Hamburger* ein✎☆

Hamburger Brötchen, aus dem Brotregal (abgepackt zu ca. 6 Stück),
500 g Gehacktes vom Rind,
1 Kopf Salat,
bei den Vorräten zu Hause findet ihr sicher:
Fett zum Braten, Butter, Butterfett, Palmin oder Öl,
1 Ei,
etwas Paniermehl oder Haferflocken,
Salz, Pfeffer, Senf,
Käse, Essiggurken und 1 Zwiebel, etwas Mehl.

Zuerst zerlegt ihr den Salat und wascht ihn gründlich. Die äußeren dunkelgrünen Blätter gebt ihr in den Kompost, die anderen tupft ihr trocken.
Die Brötchen könnt ihr schon aufschneiden und als Paar zurecht legen. Die Zwiebel wird, wenn ihr sie dazu essen wollt, in Scheiben geschnitten und dann in einzelne Ringe geteilt. Auf einem kleinen Tellerchen wartet sie, bis die Pfanne wieder frei ist, wenn nämlich die *Frikadellen*, die dann zum *Hamburger* werden, fertig sind.
Die geschnittenen Zwiebeln werden besonders knusprig, wenn sie vor dem Braten in der Pfanne mit etwas Mehl leicht bestäubt werden. Gebt sie erst dann in die Pfanne, wenn die Frikadellen schon fertig gebraten sind. In dem übrig gebliebenen Rest von Bratfett lasst ihr sie braun werden, dabei aber immer umrühren. Es geht ziemlich schnell.
Nun noch etwas Käse schneiden und vielleicht eine Essiggurke in Scheiben aufschneiden. Damit wären die **Beilagen zum Hamburger** vorbereitet.

Jetzt erst kommt die Hauptsache, die Frikadellen, an die Reihe:
Das Gehackte wird in eine Schüssel gelegt, dazu schlagt ihr ein Ei, würzt das Fleisch mit ca. 1 Teelöffel Salz und etwas Pfeffer. Ich schlage euch für das erste Würzen bei dieser Menge Fleisch ca. 1 Teelöffel Salz vor, aber das ist ein wenig Geschmackssache und Er-

fahrung. Vielleicht nehmt ihr zuerst weniger, denn nachsalzen kann man immer, aber wenn's versalzen ist, dann schmeckt es nicht mehr. Ich gebe auch 2 Teelöffel milden Senf dazu, und danach menge ich alles untereinander. Dazu könnt ihr eine Gabel nehmen oder auch eine Hand, nicht beide auf einmal!

Dabei fällt mir ein: *habt ihr euch die Hände gewaschen, bevor ihr mit dem Kochen begonnen habt?*

Danach wieder die Hände waschen und prüfen, ob die Masse kompakt ist, damit gleich die runden Fleischplätzchen geformt werden können. Wenn sie zu feucht sein sollte, könnt ihr 1 Esslöffel oder nach Bedarf Paniermehl oder Haferflocken hinzufügen, wieder gut vermengen und dann flache runde Fleischplätzchen herstellen.

In der Pfanne ist das Bratfett (ich ziehe Palmin allem anderen vor) heiß geworden, diesmal dürft ihr damit nicht sparsam sein, und nun werden die Frikadellen, so sagt man hier auch dazu, gebraten. Langsam, nicht mit zu viel Power, ca. 4 – 6 Minuten auf jeder Seite.

Aus der Fleischmenge bekommt ihr sicher 6 Frikadellen, damit die Brötchenhälften gut bedeckt sind.

Wie der Hamburger aufgebaut wird, wisst ihr besser als ich. Also los, der eigenen Kreativität sind keine Grenzen gesetzt. Die Currysauce passt übrigens auch hier dazu.

Mein Tipp. das Salatblatt sollte gut trocken getupft werden, bevor es auf's Brötchen gelegt wird. Und, geschnittene Zwiebeln werden besonders knusprig, wenn ihr sie vor dem Braten mit Mehl bestäubt.

Wenn ihr kein Rinderhackfleisch essen mögt, gibt es eine andere Möglichkeit einen Burger herzustellen:

Bratlinge ☆

Für 4 Personen benötigt ihr

200 g mittelfein gemahlen Grünkern

> *Grünkern ist eine Weichweizensorte, die sehr früh, nämlich grün, geerntet wird. Man bekommt sie im **Bio-Laden** auch schon gemahlen.*

knapp ½ Liter Gemüsebrühe
1 Zwiebel, in kleine Würfel geschnitten
1 Knoblauchzehe, in winzig kleine Würfel geschnitten
1 Porreestange, in schmale Streifen geschnitten
3 Esslöffel Öl
2 Eier
Currypulver nach Geschmack
Salz, Pfeffer
kleingehackte frische Kräuter: Dill, Petersilie, Basilikum, Oregano
Fett zum Braten

Grünkern mit der Gemüsebrühe unter Rühren aufkochen und dann bei kleiner Hitze (Stufe 2 oder bei einer Zwölfereinstellung zwischen 3 und 5) 12 bis 20 Minuten unter häufigem Umrühren kochen lassen. Dann auf der ausgeschalteten Herdplatte noch ca. 20 Minuten nachquellen lassen. Diese feste Masse bildet die Grundlage für die Bratlinge. Ihr könnt sie auch schon am Tag zuvor vorbereiten und im Kühlschrank aufbewahren.

Um den Bratlingen einen interessanten Geschmack zu geben, dünstet ihr die Zwiebel, den Knoblauch und die Porreestreifen kurz in einer Pfanne in ein wenig Fett an.

Das Grünkernmasse wird in eine Schüssel gegeben, dazu schlagt ihr die zwei Eier, würzt mit etwas Salz und Pfeffer. Nehmt nicht zuviel, denn der Grünkern wurde in Brühe, die schon gesalzen ist, vorbereitet. Nun gebt das Currypulver, die gedünsteten Zutaten und die frischen Kräuter dazu und vermengt alles gut miteinander. Wenn ihr damit schon Übung habt, könnt ihr auch geriebenen Käse mit hinein verarbeiten.

Aus der Masse kleine runde Bratlinge formen und diese in einer Pfanne auf beiden Seiten goldgelb backen.

19.06.08

Bretlinge frisch

...na.

...lasse 3 Eier dazu ... +
... Haferflocken + 1 EL
...rmehl (selbstgemacht)
...s gut verrührt + ca. 30
... quellen lassen.

...lich:
...löffel zum Portionieren +
... Pfannenwender immer
... oder in Wasser tauchen –
...nst klebt der Teig doch sehr
...ran!

... Thai-...-kräuter ...
+ frische Petersilie

...dos

...üllten Avocados mehr zubereitet, weil mei-
...ten. So gerieten sie in Vergessenheit, bis
...mochte Avocados und aß sie einfach mit
...üllten Früchte servierte, wurden sie von al-
...t gegessen. So ändern sich die Zeiten.

**...l für eine Vorspeise pro Person ½ wei-
...ados für 6 Personen),**

...bel),
... Cayenne, frische Petersilie,
...er zum Anrichten.
...rke und Schalotten in kleine Würfel ge-
...halbiert, eine Hälfte ausgepresst, die an-
...eibe oder Schnitze geteilt.
...et längs bis zum Kern hin ringsum auf
...cht den Kern. Dann schabt das Fruchtfleisch mit einem Esslöffel in eine Schüssel, Voraussetzung dafür ist, dass die Früchte
weich! sind. Vorsichtig arbeiten, denn die ausgehöhlten Schalen
werden zum Servieren der Vorspeise gebraucht.
Damit das Avocadofleisch nicht dunkel wird, übergießt es sofort mit
dem Saft einer halben Zitrone, mischt ihn unter und dabei zerdrückt
ihr gleich das Fruchtfleisch so gut es geht. Jetzt mischt ihr die gewürfelten Zutaten unter die Avocadomasse und schmeckt ab mit:
Salz, Zucker, Senf (Dijonsenf, scharf), frisch gemahlenem Pfeffer,
etwas Curry und vielleicht Cayennepulver. Probiert dabei, es soll
vollmundig schmecken, keine Zutat darf hervorstechen.
Dann füllt die Schalen mit der Masse, dekoriert mit Zitrone, einem Petersilienblättchen und stäubt nach Geschmack entweder Curry oder Cayenne über.
Angerichtet auf einer Platte, die mit Salatblättern belegt ist, sieht diese Speise sehr attraktiv aus. Zudem
schmeckt sie interessant, manchmal werde ich gefragt,
ob sie Fleisch enthält. Aber, wie man sieht, sie ist rein vegetarisch.

Salate

Bunter Salat

Tomatenteller

Tomaten mit Mozzarella
und Basilikum

Nudelsalat

Kartoffelsalat

Bunter Salat

Für die Zubereitung dieses Salates wisst ihr jetzt schon, wie mit dem **grünen Blattsalat** verfahren wird. Das gilt für den **Kopfsalat** ebenso wie für den **Feldsalat** oder eurem Lieblingssalat, dem knackigen **Eisbergsalat**.

Damit der Blattsalat auch gut verspeist werden kann solltet ihr die Blätter in mundgerechte Stücke teilen oder in Streifen schneiden. Den Kopfsalat zerteilt man durch Reißen, den Eisbergsalat schneidet man häufig in Streifen.

Ich suche mir meist eine große Schüssel für meinen Salat, weil das Vermischen dann einfacher ist, und rühre die Salatsauce direkt darin.

Zur *Salatsauce* schlage ich vor

2 Teelöffel Salz, 1 Teelöffel Zucker, Pfeffer aus der Pfeffermühle, 2 Teelöffel milden Senf, 4 Esslöffel hellen Essig (Estragonessig oder Weißweinessig),

dann kann man hinzufügen entweder 6 Esslöffel Joghurt, oder auch 3 Esslöffel Ketchup oder beides, die Zutaten gut verrühren.

Bunter Salat

½ frische Gurke, in Scheiben oder Stifte geschnitten,

3 Tomaten, in Scheiben geschnitten,

1 Kopf Salat,

In der Schüssel wird alles gut vermischt und zuletzt kommt Salatöl darüber, ca. 2 - 3 Esslöffel eines Öls, das geschmacksneutral ist, wie z. B: Sonnenblumenöl oder Maiskeimöl.

An so einer Schüssel Salat können 2 - 3 Personen mit Vergnügen essen. Dazu schmeckt Brot oder auch eine kalte Frikadelle, die vielleicht von den Hamburgern übriggeblieben ist.

Dieser lässt sich Salat beliebig erweitern.

Man kann geraffelte Möhren hineingeben oder Apfelstifte.

Man kann mit gekochten Eiervierteln garnieren, Thunfisch oder grob geriebenen Käse darüber geben, Schinkenscheiben rollen und dazu reichen.

Wenn ihr alle Zutaten zu dem *Bunten Salat* gebt, erhaltet ihr eine komplette Mahlzeit.

Dazu passen Weißbrot oder die selbstgebackenen Croissants oder auch die Pizzabrötchen.

Tomatenteller

Im Vergleich zum Bunten Salat ist der Tomatenteller recht einfach zuzubereiten.

Für zwei Personen braucht ihr
6 geschmackvolle mittelgroße Tomaten, und entweder **1 mittlere Zwiebel oder 2 Schalotten**

Schalotten schmecken milder als normale braune Zwiebeln. Es gibt auch noch rote und weiße Zwiebeln. Wenn man Zwiebeln roh verarbeitet, schmecken die roten oder weißen besser, weil sie weniger scharf sind. Aber wenn man nur die üblichen braunen da hat, geht es auch damit.

Eine flache Platte wird mit den in Scheiben geschnittenen Tomaten belegt. Aus den Tomaten habt ihr den Stielansatz entfernt, denkt dabei an Marlies Worte!

Die in Würfel geschnittenen Zwiebeln werden darüber verteilt, und gewürzt wird mit

ca. **2 Teelöffel Salz, ½ Teelöffel Zucker, Pfeffer aus der Mühle, Essig und Öl**.

Essig und Öl schreibe ich ohne Mengenangabe, weil ich vorschlage, dass ihr das ausprobiert.

Ich nehme die Essigflasche, lege den Zeigefinger mitten über die Öffnung und „sprenge" vorsichtig über die Tomaten. Da Öl zäher aus der Flasche läuft, versuche ich das auch so zu dosieren, dass alles ein wenig abbekommt.

Fertig ist der Tomatenteller.

Dazu passt noch Schafskäse, in Würfel geschnitten. Man kann auch noch ein mildes Olivenöl über die Käsewürfel geben. Das müsst ihr jedoch selber ausprobieren.

Aus dem Tomatenteller wird ganz schnell ein italienischer Vorspeisenteller.

Tomaten mit Mozzarella und Basilikum ☆

Ihr benötigt✎☆
Tomaten mit gutem Geschmack, 2 pro Person,
Mozzarellakäse, 1 Kugel pro Person,
Salz, frisch gemahlener schwarzer Pfeffer, eine Prise Zucker,
helles Olivenöl,
frische Basilikumblätter nach Geschmack.

Zu dem Käse müsst ihr folgendes wissen:
Mozzarella ist ein Käse, der ursprünglich aus Süditalien kommt. Dort wird er aus Büffelmilch hergestellt. Er wird immer in weichen Kugeln angeboten, die einen zarten, fast süßlichen Geschmack haben. Er wird in Italien frisch gegessen, als Beilage, zu Tomaten, paniert und gebacken oder zwischen Weißbrotscheiben mit Ei in der Pfanne gebraten. Zur Pizza ist er beinahe unverzichtbar.
Bei uns muss man schon ein Geschäft ausfindig machen, das den echten, den „Mozzarella di buffalo" anbietet. Üblicherweise ist der Mozzarella aus Kuhmilch überall erhältlich.

Die in Scheiben geschnittenen Tomaten werden mit Mozzarellascheiben abwechselnd auf eine Platte gelegt.

Ich würde sie etwas würzen, mit Salz und Zucker und frisch gemahlenem Pfeffer, dann tropft ihr Olivenöl darüber und dekoriert mit frischen Basilikumblättern.

Auch dazu schmeckt Brot sehr gut.

Die beiden nächsten Salate bestehen in der Hauptsache aus einer Zutat, die vorher gekocht werden muss.

Nudelsalat

Wieder ist vielleicht ein Einkauf nötig✎☆

1 Paket Hörnchennudeln, 250 g für 2 - 3 Personen,
1 kleine Dose Mais,
1 kleine Dose junge grüne Erbsen, fein,
1 Becher Joghurt, 250 g,
im Kühlschrank gibt es sicher noch **milden Senf**, dann benötigt ihr noch:
1 mittelgroße Zwiebel,
wie üblich zum Würzen: **Salz, Zucker, Pfeffer, Essig und Öl**, und vielleicht auch **Curry.**

Die Nudeln werden gekocht, das geht folgendermaßen:

Ein großer Kochtopf, ¾ voll Wasser mit 1 Esslöffel Salz wird zum Kochen gebracht. Wenn das Wasser kocht, Deckel abnehmen und die Nudeln hineingeben, umrühren und sprudelnd kochen lassen, **ohne Deckel!**
Mit Deckel, kocht das Nudelwasser immer über und es gibt einen See auf dem Herd.
Nudeln brauchen nicht lange, bis sie soweit gar sind, dass wir sie als „bissfest" bezeichnen.
Je nach Nudelsorte liegt die Kochzeit zwischen 3 und 8 Minuten, dazu mehr im Kapitel Nudeln, Nudeln, Nudeln.

Die Hörnchennudeln werden nach 7 Minuten soweit sein. Nun müssen sie vom Herd und abgegossen werden. Dazu stellt ihr einen Durchschlag (ein Sieb, aber mit einer Stellfläche und zwei Griffen) in das Spülbecken, kippt den Topf vorsichtig und lasst die Nudeln alle hinein gleiten. Dann werden sie warm abgespült und im Durchschlag geschüttelt, damit das Wasser abtropft. Jetzt können sie auskühlen. Wenn ihr sie zwischendurch umrührt, kleben sie nicht aneinander fest.

In einer großen Schüssel rührt ihr jetzt den **Becher Joghurt, 2 Esslöffel milden Senf, 1 Esslöffel Salz, ½ Esslöffel Zucker und 2 Esslöffel hellen Essig** zu einer glatten Sauce. Nun gebt ihr die Nudeln dazu und mischt alles gut. Die Nudeln sind noch warm , sie nehmen dadurch gut den Geschmack der Zutaten an. Jetzt kommt dazu, so wie ihr es mögt:

Mais, Erbsen, die in Würfel geschnittene Zwiebel, alles wird gut untereinander gemischt. Etwas Öl kann nun dazu, und wenn euch der Salat zu trocken erscheint, gebt etwas Milch dazu. Da der Nudelsalat nun stehen und durchziehen soll und dabei die Flüssigkeit einzieht, kann später nochmals etwas Milch nötig sein und auch noch ein Nachwürzen.

Wieder gut mischen!

Übrigens, Curry gibt dem Nudelsalat einen besonderen Geschmack.

Auf den Geburtstagsfeiern, die ich früher erlebt habe, gab es Nudelsalat mit Erbsen, kleinen Käsewürfelchen und in kleine Würfel geschnittene Fleischwurst.

Kartoffelsalat

Für **zwei Personen sollten ca. 10 mittelgroße Kartoffeln** ausreichend sein.

Zuerst werden die Kartoffeln gewaschen, dann kommen sie in einen Kochtopf in dem so viel Wasser ist, dass sie gerade bedeckt sind. Die Kartoffeln werden als Pellkartoffeln, das heißt mit der Schale, gekocht.

Legt den Deckel auf und bringt die Kartoffeln zum Kochen. Stellt dann die Hitze auf eine mittlere Einstellung, damit die Kartoffeln leise immer weiter kochen, aber nicht überkochen.

Man lässt sie 20 - 30 Minuten leise kochen, mit einem spitzen Messer stecht ihr mitten in eine Kartoffel. Wenn kein Widerstand mehr zu spüren ist, ist sie gar gekocht, dann gießt ihr das Kochwasser ab und lasst die Kartoffeln auskühlen. Danach werden sie gepellt.

Was ihr zu Kartoffeln wissen solltet:
Es gibt unterschiedliche Kartoffeln, die sich grob unterteilen lassen in mehlig-kochende und fest-kochende Sorten. Zum Kartoffelsalat nimmt man üblicherweise eine fest-kochende Sorte. Da lassen sich die Kartoffeln besser in Scheiben schneiden.

Schaut euch die Kartoffeln gut an und schneidet vor dem Kochen Stellen weg, die grünlich aussehen. Sie beinhalten den Giftstoff Solanin.

Was für eine Art von Kartoffelsalat wollt ihr zubereiten?

In meiner Heimat, in Österreich, machte man Kartoffelsalat an mit **Salz** (relativ viel), **Pfeffer**, **kleingewürfelten Zwiebeln**, **Essig** und **Öl** und vielleicht etwas **gekörnter Brühe**, damit er nicht zu trocken wurde, oder man gab **gehobelte Gurkenscheiben** dazu, die schnell saften. Außerdem konnte jeder noch **Kernöl aus Kürbiskernen - eine typische Spezialität aus meiner Heimat, der Steiermark -** dazugeben. Damit war der Salat fertig.

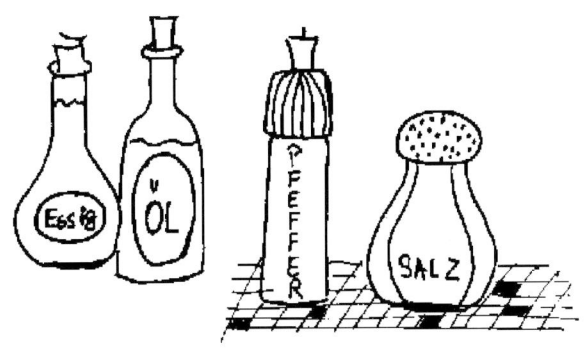

41

Man kann aber auch wieder eine Joghurtsauce bereiten, wie für den Nudelsalat, in die die Kartoffelscheiben gegeben werden. Dazu die gewürfelte Zwiebel und in kleine Würfel geschnittene Essiggurken.
Wenn es ganz schnell gehen soll, könnt ihr euch auch mit fertiger Salatmayonnaise behelfen, aber vielleicht nur im Ausnahmefall, denn das industriell hergestellte Produkt enthält zu viele Zutaten, die dem Körper nicht gut tun.
Mayonnaise, selbst und schnell gerührt geht so:

Mayonnaise

Ihr benötigt✎☆
**2 Eigelb,
ca. ¼ Liter geschmacksneutrales Öl,
½ Teelöffel Salz, Pfeffer, 1 Teelöffel
Senf, Zitrone, 1 Prise Zucker
Kräuter, Knoblauch.**

Ich brauche zu meiner „Turbomayonnaise" einen Schlagbecher und meinen „Krupps Dreimix".
Die Eier trenne ich sorgfältig, die Eiweiße stelle ich zur Seite.
Die Eigelbe kommen in den Schlagbecher, die Ölflasche ist griffbereit.
Nun schlage ich auf Stufe 3 die Eigelbe so lange, bis sie weißlich werden, dann tropfe ich unter ständigem Rühren Öl dazu.
Erst vorsichtig, bis ich sehe, dass sich die beiden Zutaten vermischen und dabei dick werden und weiß bleiben.
Dann gebe ich so viel Öl zu den Eiern, bis die Masse ganz dick ist und beim Rühren „Muster" macht. Damit ist die Arbeit des Dreimix beendet und die Mayonnaise fertig!
Jetzt gebe ich der Mayonnaise Geschmack mit etwas Salz, 1 Teelöffel Dijonsenf, einer Prise Zucker, wenigen Spritzern Zitrone.
Meine Hauswirtschaftslehrerin auf dem Gymnasium hätte jetzt zwei Dinge dazu angemerkt: „Das könnte das Grundrezept für die handgerührte Mayonnaise sein." Und: „Diese Zubereitungsweise ist wie-

der typisch für Traudel, die kocht schnell und für viele, aber fein und mit Stil, das wird sie nie können!"
Nun, diese Grundzubereitung kann noch abgewandelt werden, mit frisch gedrücktem Knoblauch und mit Kräutern, je nach Geschmack.
Was ihr aus dem Kartoffelsalat noch alles machen könnt:

Der Salat lässt sich ergänzen durch:

gekochte Eier
Eierkochen mache ich so: ein kleiner Kochtopf wird zur Hälfte mit KALTEM Wasser gefüllt, dahinein lege ich die Eier, die ich vorsichtig unten angepiekt habe. Deckel drauf und das Wasser zum Kochen bringen, von diesem Augenblick an noch 6 Minuten, es kann auch etwas länger sein, dann sind die hartgekochten Eier fertig. Das heiße Wasser abgießen, die Eier unter kaltem Wasser abschrecken. (ihr wisst: Buh, buh! Rufen und pellen).

Putenfleisch, in Streifen geschnitten und mit viel Butter in der Pfanne von allen Seiten leicht braun gebraten, gesalzen und mit dem restlichen Bratfett über den Salat gegeben.
Ein so üppiger Salat ist eine vollwertige Mahlzeit.

Der „Österreichische Kartoffelsalat" schmeckt übrigens auch als Beilage zu Frikadellen oder zu Bratwurst, man kann ihn auch mit gutem Gewissen zum Picknick mitnehmen, da er keine Mayonnaise, die schnell verderben kann, enthält.

Die Kartoffel stammt aus Peru. Von dort wurde sie erst im 16. Jahrhundert nach Europa gebracht. Lange misstrauten die Menschen dieser Pflanze, weil alles, was von ihr oberhalb der Erde wuchs, giftig ist. Erst Friedrich der Große schaffte es mit einer List, die Kartoffel als essbar einzubürgern: Er ließ überall verkünden, die Kartoffel sei ausschließlich nur für die Tafel des Königs bestimmt. Das machte die Leute neugierig und bald wurden die Kartoffeln von des Königs Äckern gestohlen. . ..

43

Fusilli
Penne
Pasta

Nudeln, Nudeln. . .
✹✹

Nudeln mit:

Knoblauch & Pfefferschote
Kräutersauce
Tomatensauce 1 & 2
Schinken – Knoblauch

Schinken – Sahne – Nudeln

Spaghetti alla bolognese

Spaghetti alla casa

Nudeln, Nudeln, Nudeln

Nudeln begegnen uns vor allem in Italien in einer Vielzahl von Sorten, Formen und Größen.

Meine Erinnerungen an Nudeln beschränken sich während meiner Zeit in Österreich auf Fadennudeln in der Suppe und auf die selbstgemachten breiten Bandnudeln, die es bei meinen Großeltern nur zum Paprikahuhn gab oder als Kraut- oder Schinkenfleckerln.

Als wir dann in Deutschland entdeckten, dass es auch gedrehte Nudeln, Hörnchen und Maccaroni zu kaufen gab, freute ich mich, denn auch mein Lieblingsessen waren Nudeln mit einer leckeren Sauce. Nur galten Nudeln eine lange Zeit als nicht so gesund, sie machten angeblich nur dick und hatten keinen großen Nährwert. Heute wissen wir zum Beispiel, dass Sportler vor Ausdauerleistungen Nudeln als Unterstützung zu sich nehmen.

Von Dierk bekamen wir schon sehr bald nach unserer Hochzeit ein großes italienisches Kochbuch geschenkt. Mit der Aufforderung: „Wär' gar nicht übel, mir mal was daraus vorzusetzen!"

Was wir dann auch gemacht haben, denn die italienische Küche schmeckte uns besonders gut. Vor allem die unterschiedlichen Nudeln und Nudelzubereitungen. Womit wir wieder bei den Nudeln angelangt sind:

Hier die Vorstellung der gängigsten Nudelarten:

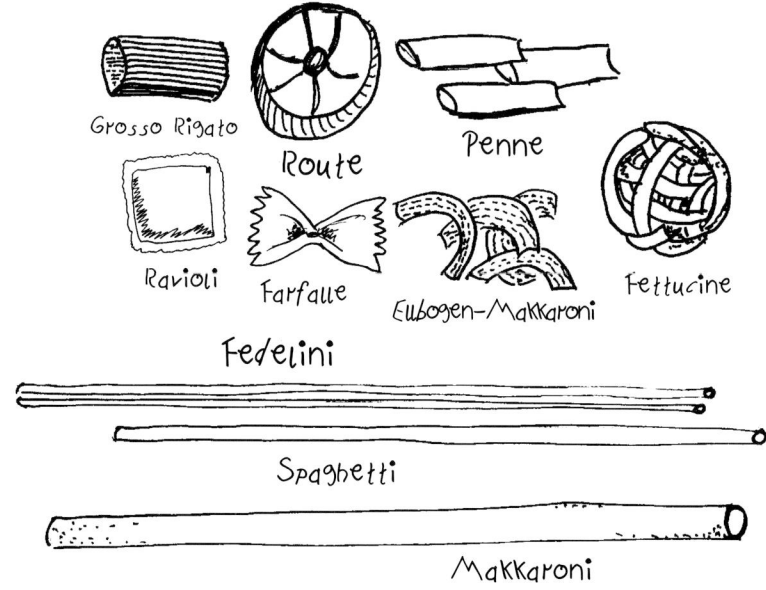

Grosso Rigato

Route

Penne

Ravioli

Farfalle

Eubogen-Makkaroni

Fettucine

Fedelini

Spaghetti

Makkaroni

Es ist schön, dass wir viele Nudelsorten auch in unseren Läden kaufen können. So ist die Zubereitung von Makkaroni, Fettuccine, Spaghetti und wie sie alle heißen gut möglich.
Der „sugo" - die Sauce - der erst den Richtigen Pfiff an die Nudel bringt, ist manchmal schon aufwendiger in der Zubereitung.
Im Italienischen Kochbuch steht zu pasta - Nudeln - und sugo – Sauce - schön anschaulich folgendes:
„Pasta secca heißen alle Teigwaren, die industriell hergestellt werden. Gute pasta secca soll aus **Hartweizengrieß** sein. Man erkennt sie beim Einkauf an ihrer gelben Farbe, die nicht von den wenigen Eiern, die sie enthalten, stammt, sondern vom Hartweizengrieß."

Eine Information aus diesen Tagen zum Thema Hartweizennudeln aus Italien: Das Reinheitsgebot für diese Nudeln kippt. Einige Nudelhersteller wollen auch Weichweizen zur Nudelherstellung verwenden. Aber schon nach der ersten Gabel würde man diese Nudeln erkennen, sagen Kenner, und kein Italiener würde dieses Billigprodukt essen, auch wenn er tagelang fasten müsste.
Ich möchte dem noch hinzufügen, dass ein Blick auf die auf der Pakung angegebenen Inhaltsstoffe nützlich ist, wenn Hartweizen
oder Hartweizengrieß genannt ist, dann sind es die richtigen Nudeln.
Beim Kochen gehen gute Nudeln etwa um das Dreifache ihres Umfangs auf.
Das Kochen der Nudeln ist das Wichtigste für das Pastagericht:
„Grundregel Nummer 1 ist: Nie die Pasta auf die Gäste warten lassen, immer umgekehrt. Wenn in Italien die padrona della casa, die Hausfrau, den Ruf ertönen lässt: Butto giu la pasta – ich werfe die Nudeln ins Wasser – dann ist es für die Familie das Zeichen, jede Arbeit zu unterbrechen und sich um den Tisch zu versammeln."

Kochen der Spaghetti
Zum Kochen der Spaghetti braucht man einen besonders großen Topf. Die Nudeln müssen in viel Wasser richtig schwimmen können. So kleben sie nicht aneinander fest.
Man rechnet für 100 g Nudeln 1 Liter Wasser und 10 g Salz.
Das Wasser soll sprudelnd kochen, erst dann gibt man die Nudeln hinein. Mit einem Kochlöffel muss gut um- und eingerührt werden, damit alle Nudeln von Wasser bedeckt sind. Die Nudeln kochen oh-

ne Topfdeckel sprudelnd weiter, aber so, dass die Kochflüssigkeit nicht überläuft.

Nach etwa 8 Minuten Kochzeit prüft man durch Probieren einer Spaghetti, ob sie schon gar sind, das bedeutet hier: Beim Durchbeißen soll die Nudel noch einen winzigen Widerstand geben. Dann ist sie, wie man in Italien sagt „al dente", sie hat einen kleinen festen Kern und ist nicht durch und durch weich.

Man nimmt pro Person ca. 100 g Nudeln für eine Mahlzeit.

Die Nudeln können nun mit Sauce = „sugo" in den verschiedensten Variationen oder mit Parmesan und Butter oder Olivenöl oder nur mit Butter angerichtet werden.

Hier einige Vorschläge für Saucenvariationen:

Knoblauch und Pfefferschote

6 Esslöffel Olivenöl im flachen Topf erhitzen,
4 Knoblauchzehen abgeschält und klein geschnitten hinzugeben,
1 kleine rote, scharfe Pfefferschote, geschnitten dazugeben,
eventuell Oliven,
alles braten, bis es goldgelb ist, *Vorsicht, den Knoblauch nicht anbrennen lassen, schmeckt dann nicht mehr*!
Salz, Pfeffer aus der Mühle hinzugeben,
1 Bund Petersilie klein hacken.

Die al dente gekochten Spaghetti oder Nudeln abgießen, in eine Schüssel geben, mit dem Knoblauchöl übergießen, vermischen und mit der Petersilie bestreuen.

Die Pfefferschote kann man auch weglassen!

Zum Knoblauch (dessen Menge man nach Belieben wählen kann!), kann man auch klein gehackte Zwiebeln geben und sie zuerst leicht im Öl andünsten. Wenn ihr Oliven mögt, dann könnt ihr einige grüne oder schwarze klein schneiden und dazu geben.

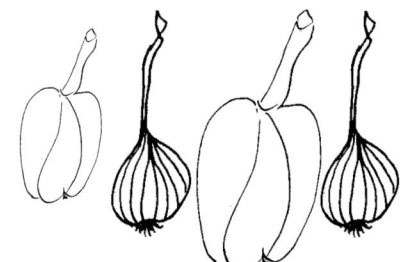

Kräutersauce

BASILIKUM · OREGANO · SCHNITTLAUCH · PETERSILIE

**6 Esslöffel Olivenöl im flachen Topf erhitzen,
2 mittlere Zwiebeln kleingewürfelt, dazugeben, immer umrühren,
2 Knoblauchzehen, sehr kleingewürfelt, dazugeben, immer umrühren,
1 Bund Petersilie, 1 Handvoll Basilikumblätter,** wenn möglich
**einige Stengel frisches Oregano, frischen Thymian und 2 - 3
Salbeiblätter, kleingehackt** dann in den Topf geben, wenn die
Zwiebelwürfel weich sind. Würzen und heiß über die Spaghetti oder
die Fettuccine geben, untermischen und mit kleingeschnittenem
Mozzarella bestreut zu Tisch bringen.

Wenn ihr Lust auf eine der anderen Nudelsorten habt, dann schaut
auf die Packung, da steht immer die empfohlene Kochzeit. Meist
stimmen die Angaben. Da das Nudelkochen nicht lange dauert, rate
ich euch, dabei zu bleiben. Übrigens, dabei lernt ihr, Nudeln nicht
nach der Uhr zu kochen, sondern sie genau zur Sekunde von der
Platte zu nehmen und abzugießen.

Tomatensaucen

Ich schreibe euch zwei von vielen Varianten auf. Wenn ihr beim Einkauf einmal Tomatenmark mit nach Hause gebracht habt, dann kommt es jetzt zum Einsatz.

Tomatenmark besteht aus dem Fruchtfleisch reifer Tomaten, und wird unter Hinzufügen von Salz stark konzentriert. Ihr könnt es in Tuben, kleinen Dosen oder Gläsern kaufen.

Tomatensauce Nr. 1

Ihr benötigt eine mittelgroße Dose oder ½ Tube Tomatenmark,
1 Esslöffel Butter,
Salz, Zucker, Pfeffer, Zitronensaft, 1/8 - 1/4 Liter Wasser, oder Milch und 1 Becher Schmant

Im Topf wird die Butter ausgelassen, ist sie flüssig, gebt das Tomatenmark ganz dazu, von nun an muss gut verrührt werden.
Achtung, sobald es zu heiß wird, spritzt es, und ringsum sind dann viele kleine Tomatenflecken, die alle ziemlich bald wieder weggewischt werden müssen.

50

Das Tomatenmark beginnt, sich mit der flüssigen Butter zu verbinden, jetzt kann schon die Flüssigkeit dazu und wird mit dem Schneebesen eingerührt, vorsichtig leise aufkochen lassen und dann würzen.
Tastet euch mit der Menge von Salz und Zucker vorsichtig heran.

Wer es mag, kann nun noch 1 Becher Schmant einrühren. Tomatensauce gemeinsam mit den heißen Nudeln auf einem tiefen Teller anrichten, geriebenen Gouda oder Parmesan (nur frisch gerieben) darüber streuen und bouno appetito!

Tomatensauce Nr. 2 ✎☆

Ihr benötigt:
1 kg frische, reife Tomaten,
1 Zwiebel,
1 Knoblauchzehe oder mehr, je nach Geschmacksvorstellung,
1 Esslöffel Butter und
4 Esslöffel Olivenöl,
¼ Teelöffel Oregano
¼ Teelöffel Thymian, damit sind die Gewürze in getrockneter Form gemeint,
Salz, Zucker, und frisch gemahlenen Pfeffer zum Würzen
400 - 500 g Nudeln,
4 Esslöffel Butter,
frisch geriebenen Parmesankäse oder anderen frischen Käse.

Kauft keinen schon geriebenen Parmesankäse in der Tüte oder im Döschen. Der ist nicht gut für euren Körper, weil bei seiner Herstellung oder Lagerung ein Teil des den natürlichen Cholesterins, in ein sogenanntes Oxycholesterein umgewandelt wird, das dann schädliche Veränderungen im Körper bewirken kann.

Jetzt zur Zubereitung:
Zuerst die Zwiebel in kleine Würfel schneiden, während dessen erhitzt ihr in einem 1 ½ Liter Kochtopf Wasser ohne Salz. Beginnt das Wasser zu kochen, legt ihr die Tomaten als Ganzes hinein und zwar

so lange, bis sie aufspringt, wenn ihr mit einem spitzen Messer die Haut anritzt.

Das dauert nicht lange, vielleicht zwischen 2 - 5 Minuten, je nach Größe und Reife der Tomaten. Die Tomaten sollen nicht zu weich werden. Nachdem ihr sie mit einer Gabel aus dem Wasser geholt habt, zieht ihr ihnen die Haut ab. Ihr werdet merken, das geht ganz einfach und leicht.

Danach werden sie in Stücke geschnitten. *An besten nehmt ihr euch dazu einen flachen Teller als Schneideunterlage!*

Sobald die Butter, das Öl, die Zwiebel und der Knoblauch im Topf angedünstet ist, gebt ihr die Tomatenstücke mit allen Kernen und der ausgetretenen Flüssigkeit dazu.

Jetzt die getrockneten Kräuter darüber geben und das Ganze auf leichter Hitze ca. 15 Minuten schmoren lassen, dabei manchmal umrühren.

Deckel auf den Topf legen und nur zum Umrühren oder Nachschauen herunternehmen, es ist energiesparend und weniger geruchsintensiv.

Wenn ihr das noch nicht oft gemacht habt, ist es besser, öfters in den Topf zu schauen, denn wenn nicht genügend Flüssigkeit drin ist, brennt das Tomatengemüse an.

Sind die Tomaten im Topf, kann das gesalzene Kochwasser für die Nudel mit der größten Hitze aufgesetzt werden.
Kocht es, Nudeln rein und al dente kochen, abgießen.
In eine Schüssel geben und mit der Butter vermischen.

Wer Käse mag, kann ihn ebenfalls untermischen.
Die abgeschmeckte Tomatensauce darüber geben, unterrühren und es sich gut schmecken lassen.

Noch etwas zum Abschmecken: Frische Tomaten brauchen vom Salz und vom Zucker etwas mehr. Immer wieder probieren! Nun gebt ca. 1 Teelöffel Zitronensaft dazu, Pfeffer aus der Mühle und wieder probieren und abschmecken.

Schinken-Sahne-Nudeln

Werden folgendermaßen zubereitet:✎☆

1 Paket Fettuccine,

wie immer al dente kochen, in den Durchschlag gießen, stehen lassen, bis die Sauce fertig ist, dann in den Topf dazugeben und untermischen

1 kleine Zwiebel,
2 Esslöffel Butter,
400 g gekochten und geräucherten Schinken vom Fleischer, in dünne Scheiben geschnitten,

die Zwiebel in kleine, diesmal wirklich winzig kleine, Würfel schneiden, zur Butter in den Topf geben und andünsten lassen, immer wieder umrühren, nicht zuviel Hitze geben,
nebenbei die Schinkenscheiben aufeinanderlegen und längs und quer in ebenfalls kleine Quadratchen schneiden, je kleiner, desto besser für den Geschmack der Sauce.
Dann hinein in den Topf und für 5 Minuten leicht mitdünsten lassen.

1 Paket passierte Tomaten (ca. 500 ml),

dazugeben, alles gut miteinander verrühren, einmal aufkochen lassen, abschmecken mit **Salz** nicht zu viel, da der Schinken salzig ist und der **Käse** ebenfalls, **Zucker** und **Pfeffer**,

400 g geriebenen Gouda,
dazugeben und mit viel Geduld in die Sauce einrühren. Dabei auf die Temperatur achten, jetzt sollte es nicht mehr kochen,

2 Becher süße Sahne (250g),
zum Schluss hinein rühren, alles nochmals vermengen und nun die Nudeln unterheben.
Schnell servieren!

„Frisch schmeckt dieses sehr gehaltvolle Nudelgericht am besten", meinte Peter und hat es als Leckermäulchen ganz richtig erkannt. Wer möchte, kann sich frisch gemahlenen schwarzen Pfeffer darüber streuen.

Ruft meine Freundin Ursula zur Mittagszeit an, dann fragt sie: mit einem leicht hörbaren Kopfschütteln: „Kochst du wieder Nudeln?" Meistens hat sie's getroffen. Wir lachen darüber, sind uns dann aber doch einig, dass Nudeln doch nicht so schlecht sind. Sie lassen sich schnell zubereiten, sind in den unterschiedlichsten Variationen geschmacklich zu verändern, unsere Kinder mögen sie über alles und sie sind ein gesundes Nahrungsmittel, vorausgesetzt, man kauft Nudeln ohne Zusatz von Ei, weil das heutzutage grundsätzlich bedeutet, dass da statt Eier, Eipulver verarbeitet wird und dieses wiederum z.B. den schädlichen Stoff Oxycholesterin enthält.

Das beliebteste Nudelgericht bei uns ist bis heute:

Spaghetti alla bolognese

Für die Sauce
400 g Rindergehacktes,
50 g feingeschnittene Salami,
2 - 4 zerdrückte Knoblauchzehen,
1 große feinwürfelig geschnittene Zwiebel,
1 gewürfelte Möhre,
100 g Champignons oder 20 g eingeweichte Trockenpilze (Steinpilze),
1 dünne Stange Porree, in dünne Scheiben geschnitten,

4 Esslöffel Tomatenmark,
¼ Liter Brühe,
1 Glas Rotwein,
1 Teelöffel Oregano,
1 Teelöffel Basilikum,
Salz, Pfeffer,

1 Prise gemahlene Nelken (das ist gerade so viel, wie zwischen die Spitzen von Daumen und Zeigefinger passt)

Alle Zutaten werden unter ständigem Rühren in heißem Öl erhitzt.
Wenn das Gehackte krümelig ist, gibt man das Tomatenmark, die Brühe und den Wein dazu.
Jetzt wird die Sauce sehr würzig abgeschmeckt und nun lässt man sie gut 1 Stunde leicht köcheln.
Diese Sauce wird um so besser im Geschmack,, je länger sie kocht.
Durchs Aufwärmen am nächsten Tag schmeckt sie noch besser.
Die Spaghetti werden gekocht und auf Suppenteller verteilt, die Sauce wird darüber gegeben und das Ganze wird mit Käse bestreut serviert.

Spaghetti alla casa, oder Nudeln nach Art des Hauses werden so zubereitet✎☆

250 g Nudeln in viel Wasser al dente kochen, abgießen und stehenlassen. Dann in einem großen Topf, damit die Nudeln später auch Platz haben und gut untergerührt werden können,

1 große feinwürfelig geschnittene Zwiebel, in
4 Esslöffel Speiseöl, andünsten,
200 g gekochten Schinken, in kleine Quadrate geschnitten dazugeben und mitdünsten, dann die Nudeln dazugeben und unterrühren, die Flamme auf kleine Hitze stellen, in einem Rührbecher

2 Eier und
1 Becher süße Sahne
und abschmecken mit **Salz, Pfeffer, etwas Muskat, etwas Basilikum oder Bohnenkraut**.
Diese Masse wird über die Nudeln gegossen und untergerührt. Jetzt muss der Kochtopf noch solange auf der schon abgeschalteten Herdplatte stehen bleiben, bis die Ei-Sahnemasse dick wird: die Eier stocken und binden die Nudeln mit der Sahne.

Große Gerichte, einfach gemacht!
✦✦✦

Steinbuttfilet mit Staudensellerieschuppen
auf Safrantomatensauce

Hühnerbrust in weißer Sauce

Quiche mit Schinken
Quiche mit Porree und Zucchini

Gemüse aus dem Wok
mit Fleisch
mit gebackenen Hühnerstückchen
Reiszubereitung
Pilaf

Fleischklößchen

Schwedische Frikadellen

Dieses Rezept ist ein Lieblingsgericht von Sophie Hanna. Ihr Vater, Dieter Müller, der bekannte Drei-Sterne-Koch hat es sich ausgedacht, weil er genau weiß, dass Fischgerichte sehr gut schmecken, sie aber noch viel zu selten auf unseren Speiszetteln stehen. Damit Kinder und auch Erwachsene Lust bekommen, Fisch zu kochen und zu essen, hier nun das besondere Rezept:

Steinbuttfilet
mit Staudensellerieschuppen
auf Safrantomatensauce

Übrigens: „Drei-Sterne" sind eine ganz hohe Auszeichnung für einen Koch. Sie bedeuten, dieser Koch ist ein Meister des Kochens.

Die Zutatenliste für diese Gericht ist umfangreich.
Ihr benötigt:
4 Steinbuttfilets oder auch Zander- oder Forellenfilets,
> die kauft ihr frisch im Fischgeschäft. Ihr bekommt sie fertig hergerichtet, sie sind meist ohne Gräten, trotzdem solltet ihr vorsichtig essen.

2 Stangen grüner Staudensellerie
2 Esslöffel weißes Selleriemousse,
> Selleriemousse wird zubereitet aus:
> 1 geschälten, klein gewürfelten Sellerieknolle, (ihr bemerkt, es gibt **Sellerieknollen** und **Staudensellerie**,
> 1 Zitrone,
> 50 g Butter,
> Wasser
> Salz

Die Selleriewürfel werden mit 1 Teelöffel Salz, dem Saft der Zitrone und Wasser weichgekocht. Dann gießt ihr das Wasser gut ab. Je trockener nämlich die Selleriewürfel sind, desto besser wird die Beschaffenheit der Selleriemousse. Jetzt zerteilt die Butter in Stückchen und püriert (mit einem Pürierstab) die Selleriewürfel mit den Butterwürfeln. Zuletzt schmeckt noch mit Salz ab, gebt die Mousse in eine Schüssel und stellt sie beiseite.

Weiter geht's mit den Zutaten für die Safrantomatensauce:

¼ Liter Fischfond, gibt's im Lebensmittelgeschäft, im Supermarkt und auch in vielen Metzgereien zu kaufen,

10 Safranfäden, das ist ein besonderes Gewürz, das aus speziellen Krokusblüten gewonnen wird und das die Speisen gelb färbt, gibt's im Lebensmittelgeschäft,

40 g kalte Butterwürfelchen,

1 Teelöffel Speisestärke,

1 Zitrone,

2 Esslöffel feine Tomatenwürfelchen

je 1 frischer Zweig Thymian und Estragon,

Salz,

weißer Pfeffer.

Jetzt bereitet ihr die Tomatenwürfel vor. Dazu wird den Tomaten, wie im Rezept „Tomatensauce Nummer 2" beschrieben, die Haut abgezogen, dann wird das feste Fleisch der Tomaten in kleine Würfel geschnitten, die Kerne könnt ihr weglassen. Stellt die Würfel in einer Schüssel ebenso beiseite wie die Selleriemousse.

Nun ist der Staudensellerie an der Reihe. Von einer Staudenselleriepflanze benötigt ihr 2 schöne Stangen. Schneidet Blätter und Wurzelansatz und alles, was nicht schön ist, ab.

Jetzt versucht möglichst dünne Scheibchen zu schneiden, die ihr dann in kochendem Salzwasser nur so weich kocht, dass sie richtig bissfest sind, denn sie werden später im Backofen weiter gegart. Dann schüttet sie in ein Sieb und lasst sie mit sehr kaltem Wasser überlaufen.

TIPP: Wer es schafft, sie in Eiswasser abzuschrecken, der wird erstaunt sein, wie gut sie ihre grüne Farbe behalten.

Die Fischfilets werden nur mit etwas Salz und mit etwas Zitronensaft gewürzt. Legt sie nebeneinander in eine gebutterte feuerfeste Form, denn sie werden im Backofen gegart.

Nun werden sie mit der Selleriemousse oben dünn bestrichen. Darauf platziert ihr die Staudenselleriescheiben so schön wie Fischschuppen!

Nebenbei bereitet ihr die Safrantomatensauce zu:

Von dem Fischfond benötigt ihr ¼ Liter. Lasst ihn in einem Topf solange köcheln, bis von dem Viertelliter nur noch knapp die Hälfte im
Topf ist. Jetzt rührt die Butterwürfelchen und die Safranfäden unter,
dann kommen die Tomatenwürfel und die kleingeschnittenen Estra-
gonblättchen dazu. Mit Salz und Pfeffer wird die Safrantomatensauce nun noch abgeschmeckt.

Der Backofen ist auf 160 Grad vorgeheizt (beim Umluftofen, beim
konventionellen Backofen 180 Grad) und schon heiß. Die Fischfilets
werden noch mit einigen Spritzern Zitronensaft beträufelt und es
kommen 2 – 3 Esslöffel Fischfond in die Form. Für ca. 8 Minuten garen die Filets nun im Backofen.
Die Safrantomatensauce verteilt ihr auf die vorgewärmten Teller und
legt je ein Fischfilet darauf.

Man kann dazu Kartoffeln oder Nudeln kochen. Man kann aber
auch Weißbrot zu diesem tollen Gericht essen.
„Vielleicht," so meint Sophie Hanna, „müssen Mutti oder Papa beim
Kochen helfen, denn es ist nicht so ganz einfach."

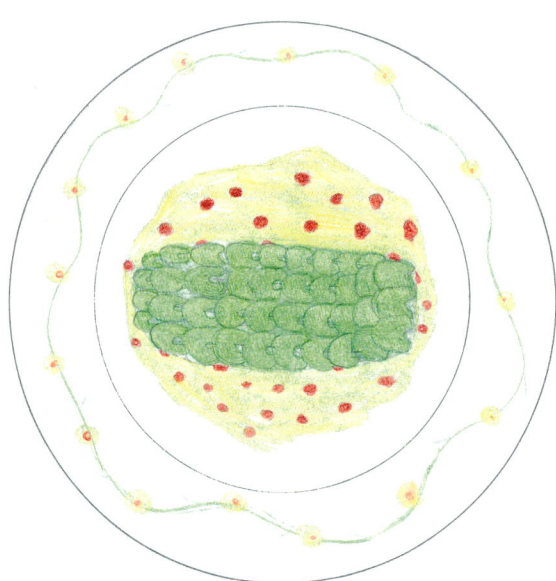

Zeichnung: Sophie Hanna Müller

60

Hühnerbrust in heller Sauce

So gekocht ist das eines eurer Lieblingsgerichte, und nicht so, wie es in der Schulmensa als Hühnerfrikassee angeboten wird.

Ihr nehmt für 2 Personen✎☆

400 - 500 g Hühner- oder Putenbrust in schmale Streifen geschnitten, kauft sie frisch und verwendet sie noch am gleichen Tag,
das macht entweder unsere Fleischermeisterin, oder ihr macht es mit einem scharfen Messer selbst. Dabei beachtet: das Fleisch muss von Fett oder Sehnen befreit werden, dann wird es quer zur Fleischfaser erst in Scheiben und diese dann in Streifen geschnitten, auf einen Teller gelegt und mit etwas **Zitronensaft** beträufelt und leicht mit **Speisestärke** (Mondamin) bestäubt.
Zum Braten ein Tipp:
Wenn ihr in die kalte Bratpfanne oder in den Topf 1 Prise Salz zum Fett gebt, dann spritzt es nicht.
In einem flachen Kochtopf werden **1 Esslöffel Butter und 1 Esslöffel Speiseöl** erhitzt, dann gebt ihr das Fleisch nach und nach hinein, zwischendurch wendet ihr die Streifen, so dass sie leicht anbraten können.
Wenn ihr alles Fleisch auf einmal in den Topf gebt, dann reicht die Hitze nicht aus. Es dauert lange, bis es zu bräunen beginnt, weil zuviel Fleischsaft auf einmal austritt.
Jetzt gebt ¼ **Liter Brühe** (da benutzt ihr am besten eine Instant-Gemüsebrühe, die in heißem Wasser einfach anzurühren ist) dazu, rührt um und lasst alles leise köcheln (Deckel auf den Topf!).

Nach ca. 25 Minuten wird das Fleisch gar und es wird noch genügend Flüssigkeit im Topf sein, um daraus eine helle Sauce zu machen:
1 Becher Schmant und ¼ Becher süße Sahne bilden die Grundlage für die Sauce. Gebt diese Zutaten zu dem Fleisch, schmeckt ab mit **Salz, Pfeffer und Zitronensaft**. Mit dem Kochlöffel lassen sich alle Zutaten gut verrühren.

Den Zitronensaft nur sehr sparsam verwenden, immer erst probieren, bevor zuviel von einem Gewürz im Topf landet.

Probieren ist beim Kochen sehr wichtig. Manchmal kann es nicht oft genug sein, denn es soll der Geschmack erreicht werden, den ihr euch vorstellt. Wie aber wird probiert? Nicht mit dem Kochlöffel, der ist zu Rühren da. Mit einem Löffel und mit dem auch nur einmal, dann muss ein neuer her, besonders bei Speisen, die nicht mehr richtig kochen. Unsere Hauswirtschaftslehrerin hat uns das Probieren so beigebracht. Man nimmt zwei Löffel, mit dem einen holt man aus dem Topf eine kleine Menge und gibt sie auf den anderen Löffel, den kann man dann guten Gewissens in den Mund stecken.
Zu diesem Gericht könnt ihr Nudeln als Beilage kochen, auch Pellkartoffeln oder Reis. Natürlich passt ein Tomatenteller dazu oder ein bunter Salat.

Das Wort Quiche kommt aus dem elsässischen Dialekt und ist wahrscheinlich eine Entstellung des Wortes „Küche". Die Quiche gilt als traditionelles Lothringer Bauerngericht.

Bei uns kennt man den Zwiebelkuchen, der aus dem Badischen stammt und zu der Zeit gegessen wird, wenn es den ersten „Neuen Wein", den Federweißen oder Suser gibt,.

Weil unsere Freundin Manu keine Speisen mit Fleisch ißt, habe ich irgendwann eine Quiche bereitet, aber statt des Schinkens eine Mischung aus fein geschnittenem Porree und gewürfelten Zucchini auf gelegt. Wir haben das Porree-Zucchini-Kuchen genannt.

Zuerst erkläre ich euch das Originalrezept der:

Quiche Lorraine

Ihr benötigt folgende Zutaten ✎☆
Für den Mürbteig:
125 g Mehl,
etwas Salz,
60 g kalte Butter,
1 Ei,
für den Belag:
6 Scheiben geräucherten Schinken,
3 Eier,
¼ l süße Sahne oder Milch
Salz, frisch gemahlenen schwarzen Pfeffer,
200 – 300 g geriebenen Käse.

Der Teigboden für die Quiche ist ein sogenannter Mürbteig und der wird so hergestellt:

Das Mehl wird als Häufchen in eine große Backschüssel gesiebt. In die Mitte macht ihr eine Vertiefung, in die das Ei hinein gegeben wird. Außen herum verteilt ihr die in kleine Würfel geschnittene Butter. Eine Messerspitze Salz verteilt ihr ebenfalls auf dem Mehl.

Mit zwei Messern wird jetzt das Ei mit etwas Mehl verarbeitet, bis alle Eiflüssigkeit aufgenommen ist.

Nun verknetet ihr alle Zutaten zu einem Teig, der geschmeidig und nicht brüchig sein soll.

Formt eine Teigkugel und legt sie zugedeckt an einen kühlen Ort, damit sie ca. ½ Stunde ruhen kann.

Dann rollt ihr den Teig auf einer bemehlten Fläche rund aus, damit ihr die Backform damit auslegen könnt.

Eine große runde Springform (die kennt ihr vom Kuchenbacken) wird mit Butter ausgepinselt und mit dem Teig ausgekleidet, der Rand soll ca. 3 cm hoch sein.

Mit einer Gabel stecht einige Male in den Teigboden, dann hebt er sich nicht beim Backen.

Jetzt legt die Schinkenscheiben auf. (Man kann den Schinken vorher auch in der Pfanne etwas anbraten und ihn dann mit dem Bratfett auf dem Boden verteilen).

In einem hohen Schlagbecher verrührt ihr jetzt die Eier, die Sahne oder Milch, würzt mit etwas (wenig!) Salz, viel Pfeffer und gebt die Flüssigkeit darüber. Zum Schluß verteilt ihr noch den Käse und dann schiebt die Form in den vorgeheizten Backofen und backt die Quiche ca. 20 Minuten bei 180 – 200 Grad im Heißluftofen.

Porree – Zucchini – Kuchen

Dafür braucht ihr statt des Schinkens als Belag ✎✫

2 –3 Stangen Porree,
3 mittel große Zucchini,
2 Löffel Butter,
Salz, 1 Prise Zucker, Pfeffer,
1 Teelöffel getrocknete, zerbröselte Minzblättchen.

Der Boden wird so zubereitet, wie bei der Quiche.

Die Eiersahne oder Eiermilch wird auch so angerührt. Der Käse wird gerieben, der Backofen vorgeheizt.

Nur das Gemüse braucht etwas an Vorbereitungszeit:

Bei den Porreestangen werden die dunkelgrünen Enden gut zur Hälfte weggeschnitten und der Wurzelansatz am hellen Ende ebenfalls. Wenn nötig entfernt ihr die harten äußeren Blätter.

Jetzt schneidet ihr sie etwas oberhalb der Verdickung längs ein, bis hin zum grünen Ende und wascht sie unter fließendem Wasser ebenfalls vom weißen zum grünen Ende hin, damit möglichst aller Sand beseitigt ist und es beim Essen nicht zwischen den Zähnen knirscht!

Nun schneidet ihr die Stangen in dünne Streifen, beginnt beim grünen Teil.

Von den Zucchini werden an beiden Enden kleine Scheiben abgeschnitten. Dann wascht sie und schneidet sie in kleine Würfel.

In einen breiten Topf gebt das Fett, lasst es auf mittlerer Hitze zerlaufen und gebt erst den Porree hinein, salzen und umrühren. Durch die Zugabe von Salz wird sich ein wenig Flüssigkeit bilden. Nun kann das Gemüse 5 Minuten dämpfen.

Jetzt fügt die Zucchini und Minze hinzu und würzt und dämpft noch einige Minuten.

Die Gemüsemasse soll etwas auskühlen, dann wird sie auf dem Teig verteilt.

Nun gebt die Eiersahne und den Käse darüber und schiebt die Form vorsichtig in den Ofen.

25 –30 Minuten wird der Kuchen bei 180 – 200 Grad gebacken.

Speisen aus dem Wok

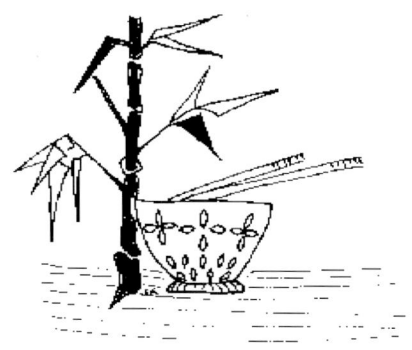

Zutatenauswahl ✎ ☆
Gemüse wie: **Brokkoli, Chinakohl, roter Paprika, grüner Spargel, Zucker- oder Kaiserschoten, Weißkohl, Auberginen, Möhren, Frühlingszwiebeln, . . .
Sprossen jeder Art,
Austernpilze, Mu-Err-Pilze, Tongupilze, Champignons,
Tofu, Eier,
Reis , Chinesische Nudeln,
Fisch, Schalentiere, Fleisch oder Geflügel** (man kann auch darauf verzichten, die Gerichte aus dem Wok schmecken auch ohne Fleisch),
**Nüsse, Mandeln,
neutrales Öl,**
*Speisestärke, Fischsauce, Sojasauce, Reiswein (der aus Japan, schmeckt besser) oder Sherry,
Ketjap Manis (Würzsaucenzubereitung nach indonesischer Art, mag ich gerne), Sweet ChiliSauce,*
**Knoblauch, Ingwer,
Honig,
Salz, Pfeffer, Curry, Koriander, Tabasco . . .**
zum Braten verwendet man Erdnussöl, ich nehme am liebsten Sonnenblumenöl, gut ist immer ein geschmacksneutrales Öl, Sesamöl würde ich nur zum Abschmecken verwenden, jedoch nicht, um darin zu garen, gewürzt wird nicht zu stark, die Speisen sollen leicht schmecken, wer möchte, würzt in seiner Schüssel nach.

Seit ich vor vielen Jahren einige Zeit in Malaysia verbringen konnte, schwärme ich für die chinesische Küche, wobei es „die" chinesische Küche nicht gibt, sie zeichnet sich durch eine Vielzahl von regionalen Varianten aus.

Was mich, ich war gerade 10 Jahre alt, am chinesischen Koch fasziniert hat, war die Schnelligkeit mit der er alles fein zerteilte, was er unter sein Hackebeil legte. Die Art, wie er dann die Zutaten in die große schwarze „Schüssel" warf, rührte und mixte, hielt mich in seiner Küche fest. Schnell duftete es so, dass mir das Wasser im Mund zusammenlief.

Aber noch etwas anderes beeindruckte mich zutiefst. Die große bauchige Flasche, die er ganz hinten oben auf einem Schrank aufbewahrte. In einer Flüssigkeit schwammen schaurig schöne Dinge. Hühneraugen, Vogelfüße, Federn, Wurzeln, Fischschuppen und derlei Zutaten mehr. Mehrmals am Tag holte er diese Flasche vom Schrank, entnahm etwas von der Flüssigkeit, trank selbst oder verabreichte sie uns in kleinen Dosen. Manchmal gab er auch einen Schuss ins Essen. Schon beim Zuschauen gruselte es mich. Trotzdem, oder gerade deshalb war die Küche mein ausgesuchter Lieblingsort, denn dort gab's immer etwas zu essen aus dem Wok, wie die „Schüssel" eigentlich heißt, und es schmeckte mir ausgezeichnet.

Vor zwei Jahren endlich kaufte ich im chinesischen Laden einen Wok, einen aus Gusseisen, der sich auf der großen Gasflamme bestens aufheizen lässt. Seitdem koche ich, wie es so schön heißt „unter Rühren" die verschiedensten Zutaten zu appetitlich duftenden und wohlschmeckenden Kompositionen. Übrigens, ich stelle die Zutaten so zusammen, wie es uns schmeckt. Dabei bleiben viele Dinge der chinesischen Kochanschauungen unberücksichtigt Auch fehlt mir die bewusste große bauchige Flasche!

Nun aber auf zu der gesunden und schmackhaften Gemüsezubereitung im Wok Die meisten Gemüsesorten behalten, da sie in dünne Streifen, Scheiben oder Stifte geschnitten werden, durch die hohe Temperatur und kurze Garzeit ihr natürliches Aroma bei. Das Gemüse kommt bissfest und leuchtend auf den Teller. Es ist eine Augen- und Gaumenfreude.

Damit das Fleisch ebenfalls schnell gegart ist, schneide ich es in mundgerechte kleine Stücke und lege es ca. ½ Stunde vor dem Garen ein. Dazu bestäube ich es mit Speisestärke (Mondamin), salze es leicht, übergieße es mit Soja- oder Fischsauce und Reisessig oder Zitronensaft. Manchmal gebe ich auch noch Sherry oder Reiswein darüber. Dann kann das Garen beginnen.

Gemüsekombinationen können sein:

Weißkohl mit roten und grünen Paprikas, scharfer Weißkohl mit Pilzen, Paprika mit Tomaten und Zwiebeln, Tongu-Pilze und Bambussprossen, Auberginen mit Fischsauce, Zucchini mit Knoblauch oder Möhren und Erbsenschoten oder eine Zusammenstellung wie in den:

Vier Kostbarkeiten

Zutaten

15 g getrocknete Mu-Err-Pilze, gibt es im Asien-Geschäft
250 g Brokkoli,
200 g Bambussprossen,
100 g Austernpilze,
4 Esslöffel Öl,
2 Teelöffel Salz, 1 Teelöffel Zucker, 1 Teelöffel Sesamöl.

Die Mu-Err-Pilze weicht ihr ca. 20 Min. ein, wascht sie, entfernt harte Enden und schneidet sie in kleine Stücke.

Den gewaschenen Brokkoli teilt in kleine! Röschen, die Stiele schneidet in kleine Stückchen.

Die Bambussprossen schneidet ihr in Scheiben.

Die Austernpilze waschet gründlich und schneidet sie in kleinere Stücke.

Im Wok das Öl stark erhitzen, Brokkoli dazugeben, rühren, danach die Bambussprossen und Austernpilze hinzugeben und 1 - 2 Minuten garen, dann gebt die Mu-Err-Pilze hinein, würzt mit Salz, Zucker und lasst so lange garen, bis sich etwas Flüssigkeit gebildet hat. Das Sesamöl kommt erst zum Ende der Garzeit hinzu.

Gebratenes Hühnerfleisch mit Kaiserschoten und Pinienkernen

2 ganze Hühnerbrüste (ca. 650 g),
½ Tasse Pinienkerne,
2 Teelöffel Stärkemehl (Mondamin),
1 Eiweiß,
Salz, Reiswein oder trockener Sherry, Zucker,
8 - 12 grüne Salatblätter,
4 Esslöffel Öl,
400 g Kaiserschoten,
1 Teelöffel in feine Streifen geschnittene frische Ingwerwurzel,
Stärkemehl in 3 Esslöffel Hühnerbrühe auflösen.

Die Hühnerbrüste schneidet ihr in mundgerechte Stücke oder feine Streifen. In eine Schüssel gebt die 2 Teelöffel Stärkemehl, fügt das Fleisch hinzu, wälzt es darin und gebt dann dazu: das in Reiswein verrührte Eiweiß, Salz, Zucker, ein wenig Ketjap Manis. Alles gut miteinander verrühren.

Im auf 175 Grad erhitzten Backofen die Pinienkerne 5 Minuten lange backen, bis sie hellbraun gesprenkelt sind. Nicht anbrennen lassen! In einem Schüsselchen beiseite stellen.

Die Salatblätter waschen und trocknen. Auf einer Servierplatte anrichten und kalt stellen.

Die ganzen Kaiserschoten waschen und trocknen. Alle Zutaten und Gewürze griffbereit halten.

Den Wok 30 Sekunden auf der großen Flamme erhitzen, dann 1 - 2 Esslöffel Öl hineingeben, schwenken und heiß werden lassen.

Dann die Kaiserschoten hineingeben, 3 Minuten unter Rühren garen, mit einem Schaumlöffel herausnehmen und beiseite stellen.

Das restliche Öl hineingeben, erneut ganz heiß werden lassen, den Ingwer hinzugeben, ein paar Sekunden rühren und nun die Hühnerfleischmischung dazugeben. Über mäßiger Hitze 4 - 5 Minuten braten, bis das Fleisch fest und weiß ist. Nun gebt ihr die Kaiserschoten wieder zurück in den Wok und gießt die Stärkemehllösung darüber. Ein paar Augenblicke unter Rühren kochen lassen, abschmecken. Streut jetzt die Pinienkerne darüber und bringt das Gericht zu Tisch.

Dazu könnt ihr Reis vorbereiten und eine scharfe Sauce aus Ketjap Manis, Reiswein, Sweet Chili Sauce.

Beim Essen nimmt jeder ein Salatblatt in die Hand oder legt es auf seinen Teller. In die Mitte werden 2 Esslöffel des Gerichtes gegeben und das Blatt darüber geschlagen, so dass ein kleines Paket entsteht. Man kann sich aber auch Reis in seine Essschale füllen, etwas vom Gericht dazu nehmen und genussvoll beides essen.

Reiszubereitung

Dazu ist ein **Langkornreis** notwendig, der kurz im Sieb unter fließendem Wasser gespült und danach auf einem Tuch wieder getrocknet wird.

1 Tasse Reis wird in 2 Tassen Wasser mit ½ Teelöffel Salz zum Kochen gebracht, umgerührt und dann auf der ausgeschalteten Herdplatte im geschlossenen Topf zu Ende gegart, d.h. der Reis quillt.

Ich bin es gewohnt, Reis in einem bestimmten flachen Topf zu kochen, ein wenig Aberglaube ist wohl dabei, denn bei meiner Mutter habe ich gelernt, dass es schwierig ist, einen richtig guten, nicht klebrigen Reis zu kochen.

Mittlerweile beherrsche ich das Reiskochen, aber bei mir muss es eben immer der gleiche Topf und die gleiche Platte sein, erst dann habe ich die Zuversicht, dass der Reis gelingt.

Ich wasche den Reis auch nicht mehr vorher, sondern gebe ihn in den Topf, mit 1 Löffel Butter und lasse ihn etwas darin angehen, dann fülle ich mit der entsprechenden Menge Wasser auf und verfahre wie oben beschrieben.

Versucht es selbst, ihr werdet es schnell gelernt haben.

Aus dem einfachen Reis wird ein *Pilaf* durch Beigabe von Safran, Pinienkernen und z.B. feingewürfelten roten Paprikastückchen.

Im Topf zerlasst ihr 2 Esslöffel Butter, gebt eine Handvoll Pinienkerne dazu, röstet sie leicht, gebt dann den Reis hinein, rührt um, fügt die Paprikawürfel und den Safran dazu und füllt mit Brühe auf. Wenn der Pilaf kocht, rührt noch einmal um, stellt die Herdplatte auf die niedrigste Stufe und nach einer knappen ¾ Stunde ist der Pilaf fertig.

Fleischklößchen

Für 2 Personen braucht ihr
600 g Rindergehacktes,
1 Ei,
1 Zwiebel, in kleine Würfelchen geschnitten,
1 zerkleinertes Brötchen, in Milch aufgeweicht und gut ausge-
drückt,
etwas Paniermehl oder Haferflocken,
Salz, Pfeffer, Senf.
Das Gehackte wird in eine Schüssel gelegt, dazu gebt ihr das Ei, die
Zwiebel und das Brötchen.
Würzt das Fleisch mit ca. 1 Teelöffel Salz und etwas Pfeffer.
Ich gebe auch 2 Teelöffel milden Senf dazu, und danach menge ich
alles untereinander. Dazu könnt ihr eine Gabel nehmen oder auch
eine Hand. Dabei fällt mir ein: *habt ihr euch die Hände gewaschen,*
bevor ihr mit dem Kochen begonnen habt??
Danach wieder die Hände waschen und prüfen, ob die Masse kom-
pakt ist, damit gleich die Fleischkugeln geformt werden können.
Wenn sie zu feucht sein sollte, könnt ihr 1 Esslöffel oder nach Bedarf
Paniermehl hinzufügen, wieder gut vermengen und dann kleine
Fleischbällchen zwischen den beiden Händen rollen. Wenn ihr ein
wenig Mehl auf eure Hände gebt, bleibt die Fleischmasse nicht kleben.
In einer kleinen Pfanne ist das Bratfett heiß geworden. Diesmal dürft
ihr damit nicht sparsam sein, und nun werden die Fleischklößchen
gebraten. Langsam, nicht mit zu viel Hitze, ca. 4 – 6 Minuten. Nach
und nach braten immer einige Bällchen, die ihr dann mit dem
Schaumlöffel aus der Pfanne nehmt und sie zum Abtropfen auf einen Teller legt. Dann kommen sie in eine Schüssel und werden
warm gestellt. Übrigens, der Wok eignet sich ebenfalls sehr gut zu
Braten von Fleischklößchen.
Diese Fleischklößchen können so als Fleischbeilage zum Kartoffel-
oder Nudelsalat gegessen werden

Wenn ihr eine Fete feiert, freuen sich die Gäste über Fleischbällchen
mit Ketchup und Senf und kleinen Brötchen.

Ihr könnt aber auch ein Stück jungen Holländerkäse oder anderen Käse in kleine Würfel schneiden und diese gemeinsam mit den Fleischbällchen auf einer Platte anrichten. Dazu gibt es frisches Gemüse mit Tzatziki und die Verpflegung für Gäste ist prima geregelt.

Wenn ihr aber Fleischklößchen mit Sauce essen wollt, dann geht das Rezept so weiter:
Für die Sauce braucht ihr noch:
Etwas Wasser, Ketchup, Senf, Salz und Pfeffer und entweder 1 Becher Schmant oder 1 Becher süße Sahne.
Wenn noch viel Bratfett nach dem Braten in der Pfanne oder im Wok ist, nehmt es mit einem Löffel heraus und gießt es weg. Es soll nur noch wenig Fett in der Pfanne bleiben.
Vorsicht, das Fett ist heiß.
Dann dreht die Platte noch einmal auf mittlere Hitze und gebt 3 Esslöffel Ketchup, 1 Esslöffel milden Senf hinein, rührt mit dem Schneebesen und löscht mit ein wenig Wasser ab. Nun fügt den Schmant oder die Sahne hinzu, würzt, rührt und probiert, bis die Sauce schmeckt.
Nun gebt die Fleischbällchen hinzu und wärmt alles nochmals auf.
Mit grünem Salat, Kartoffeln oder Kartoffelbrei oder auch mit Reis schmeckt euch dieses Essen so gut, dass ich immer mindestens die doppelte Menge zubereite, und auch dann bleibt nichts mehr übrig!

Nun gibt es aber auch bei den Fleischklößchen viele Variationen, wie dies bei vielen Gerichten der Fall ist.
Hier stelle ich euch die Schwedischen Frikadellen vor.

Schwedische Frikadellen

Zutaten
2 mittelgroße, gekochte Kartoffeln,
500 g Rindergehacktes,
3 Esslöffel Butter,
2 Eier,
6 Esslöffel süße Sahne,
1 Zwiebel, sehr fein gehackt,
1 Esslöffel Kapern, klein gehackt,
Pfeffer, Salz.

Die Kartoffeln werden mit der Gabel fein zerdrückt oder durch die Kartoffelpresse gegeben und mit allen Zutaten zu einem Hackfleischteig verknetet, dabei gut würzen.
Jetzt formt ihr etwa 10 – 12 runde flache Frikadellen.
In einer guten Pfanne wird gut Butter zerlassen und die Frikadellen darin schnell von beiden Seiten gebräunt. Dann dreht sie wieder um und lasst sie langsamer durchbraten (insgesamt ca. 8 Minuten).

Legt die Frikadellen auf eine vorgewärmte Platte, gebt die Bratbutter darüber und serviert sie mit Salzkartoffeln und Senf.

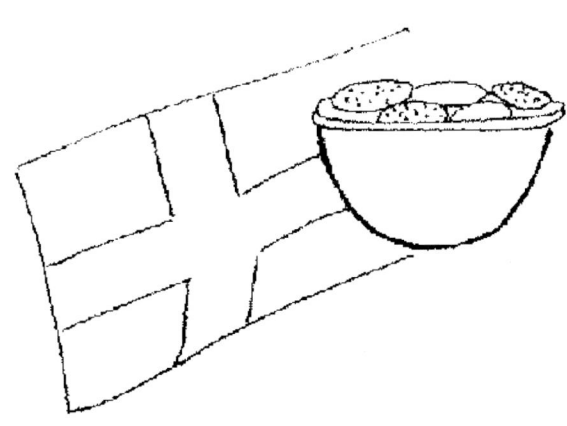

Kartoffelspaß

Grundsätzliches zu Kartoffeln.
Auch wenn ihr im Augenblick nicht so gerne Kartoffeln essen mögt,
werdet ihr doch irgendwann feststellen, dass gerade Kartoffeln ein
besonderes Geschmackserlebnis sind, vorausgesetzt, sie sind trocken
und dunkel gelagert und von gutem Geschmack.
Es gibt viele Kartoffelsorten. Es gibt sogar Kartoffeln mit roter Schale
und welche, die blau sind. Es gibt sehr dicke und sehr kleine und
auch schmale lange Kartoffeln. Es gibt welche, die nach dem Kochen
mehlig sind und mit denen man gut Bratensaft oder Sauce aufneh-
men oder aus denen man ein herrliches Kartoffelpüree machen
kann. Es gibt die fest kochenden Sorten, die sich für Kartoffelsalat
und Bratkartoffeln eignen, und die man als Beilage oder als Hauptgericht mit Quark oder Creme fraiche essen kann.
*Creme fraiche ist eine dicke saure Sahne mit einem Fettanteil von
20% und manchmal sogar bis über 30 % Fett.*

Rohe Kartoffeln werden geschält, gekochte gepellt. So heißen die in
der Schale gekochten Kartoffeln: **Pellkartoffeln**.

Bratkartoffeln

Dazu braucht ihr gekochte und gepellte Kartoffeln, die ihr in Scheiben schneidet. In einer Pfanne wird Fett erhitzt, dann gebt ihr die
Scheiben nach und nach hinein, würzt mit Salz, Pfeffer und wie euch
der Sinn steht.
Wendet die Kartoffelscheiben mit dem Pfannenheber und lasst sie
leicht knusprig – braun werden. Die Scheiben zerfallen dabei, das
macht nichts aus.
Dazu kann's Spiegelei oder Salat geben oder auch Hühnerbrust mit
heller Sauce oder auch Tzatziki.

Kartoffelschaum oder auch Kartoffelpüree oder Kartoffelbrei

Ihr kocht geschälte Kartoffeln in Salzwasser gar, gießt das Wasser ab und zerdrückt sie im Topf. In einem kleinen Topf erhitzt dann süße Sahne mit Butter. Davon nehmt ihr für den Kartoffelschaum viel, fast unanständig viel, und mischt diese Flüssigkeit mit dem Passierstab unter. Ihr salzt und gebt etwas geriebene Muskatnuss dazu, vielleicht noch ein Stück Butter oder ein Löffel Sahne? (Damit der Kartoffelschaum seinen Namen verdient.)

Weinkartoffeln

Das ist ein Rezept, bei dem der Alkohol nicht ersetzt werden kann.
Ihr braucht
3 dicke Kartoffeln pro Person,
Butter,
geriebener Käse,
Salz, Pfeffer,
Bereitet ihr das Gericht für 2 Personen zu, dann benötigt ihr ¼ Liter Weißwein und entsprechend 6 dicke oder 8 mittlere Kartoffeln.
Dieses Kartoffelgericht bekommt seinen typischen Geschmack durch den Wein in Verbindung mit dem Käse. Der Alkohol aus dem Wein verflüchtigt sich während des Kochens.
Die geschälten Kartoffeln in dünne Scheiben schneiden. In einer Kasserolle die Butter angehen lassen, die Kartoffeln einschichten, salzen und pfeffern, üppig mit Käse bestreuen und mit Weißwein übergießen. Deckel schließen und auf mittlerer Hitze gut 2 Stunden garen lassen.

Ofenkartoffeln

Die ungeschälten Kartoffeln werden gründlich gewaschen und halbiert. Die geölte Form wird z. B. mit Sonnenblumenkernen, Sesamkörnern oder Kümmel belegt. Ich lege die feuchten Kartoffeln mit der Schnittstelle nach unten darauf, bestreue sie mit Salz, Pfeffer, Cayenne oder auch Curry und bepinsele sie gut mit Öl und gebe etwa 2 Finger hoch Wasser dazu. Nach einer Backzeit von ca. 1 Stunde sind die Ofenkartoffeln gar.

Kartoffelgratin

Dazu braucht ihr für 3 Personen, wenn ihr es als Hauptgericht kocht✎☆

Ca. 1 kg gekochte halbfest-kochende Kartoffeln, die nach dem sie ausgekühlt sind, geschält werden

Dann schneidet ihr sie in so dünne Scheiben, dass sie nicht zerbrechen.

½ - ¾ Liter Milch und

3 Eier werden miteinander verschlagen und mit

1 ½ Teelöffel Salz und Pfeffer und nach Geschmack geriebene Muskatnuss gewürzt. Gebt die Milch und die Eier in eine Schlagschüssel und verrührt mit dem Schneebesen.

Nun fettet eine feuerfeste halbhohe Form mit Butter und schichtet die Kartoffelscheiben in Lagen hinein, salzt ein wenig und gießt dann die Eiermilch über die Kartoffeln.

Die Form schiebt ihr in den auf 220 Grad erhitzten Backofen. Das Kartoffelgratin soll ca. 20 – 30 Minuten backen.

Jetzt braucht ihr noch

150 g jungen Holländer Käse, der von seiner Rinde befreit und gerieben wird.

Nach der Hälfte der Backzeit holt ihr die Form vorsichtig heraus und verteilt den geriebenen Käse darüber.

Das Gratin ist fertig, wenn es goldbraun geworden ist. Achtung, nicht zu braun werden lassen, ruhig öfter Nachschauen!

Das i - Tüpfelchen zu vielen Speisen

Mayonnaise

Zutaten

2 Eigelb,
ca. ¼ Liter geschmacksneutrales Öl,
½ Teelöffel Salz, Pfeffer,
1 Teelöffel Senf, Zitrone, 1 Prise Zucker,
Kräuter, Knoblauch.

Rührt die Mayonnaise mit dem „Krupps Dreimix" Trennt die Eier sorgfältig, *die Eiweiße stellt in den Kühlschrank. Verwendet sie später, vielleicht zusätzlich zu den Eiern, die ihr für ein Rührei verschlagt.*

Die Eigelbe kommen in den Schlagbecher, die Ölflasche ist griffbereit.

Nun schlagt auf Stufe 3 die Eigelbe so lange, bis sie weißlich werden, dann tropft ihr unter ständigem Rühren Öl dazu.

Erst vorsichtig, bis ihr seht, dass sich die beiden Zutaten vermischen und dabei dick werden und weiß bleiben.

Dann gebt so viel Öl zu den Eiern, bis die Masse ganz fest ist und beim Rühren „Muster" macht. Damit ist die Arbeit des Dreimix beendet und die Mayonnaise fertig!

Jetzt gebt ihr der Mayonnaise Geschmack mit etwas Salz, 1 Teelöffel Senf, einer Prise Zucker, wenigen Spritzern Zitrone.

Nun, diese Grundzubereitung kann noch abgewandelt werden, mit frisch gedrücktem Knoblauch und mit Kräutern, je nach Geschmack.

Knoblauchbutter

250 g weiche Butter,
1 – 2 Zehen Knoblauch, frisch zerdrückt,
Salz.

Die Butter vermische ich mit dem zerdrückten Knoblauch, schmecke ab mit Salz.

Schon der Uropa hat leidenschaftlich gerne Butterbrot mit zerdrücktem Knoblauch gegessen. Er bereitete sich sein Knoblauchbrot immer selbst zu. Zuerst klappte er sein Taschenmesser auf, dann schälte er die Knoblauchzehen und schnitt sie auf einem Holzbrett in hauchdünne Scheiben. Dann nahm er eine ordentliche Prise Salz und streute es über die Knoblauchscheiben. Auf seinem Brettchen, vermischte und zerdrückte er mit der Messerklinge Knoblauch und Salz so lange, bis sich alles zu einem Brei vermischt hatte. Diesen schabte er dann auf sein Butterbrot, verstrich ihn und verspeiste es genüsslich.

So könnt ihr Knoblauch zubereiten und ihn dann in die Butter einarbeiten.

Kräuterbutter

250 g weiche Butter,
frische Kräuter feingehackt,
Zitrone, Salz.
Die Butter vermischt ihr mit den Kräutern, schmeckt ab mit Salz und Zitrone.
Zu neuen Kartoffeln oder warmem Weißbrot schmeckt diese Butter herrlich.

Wenn ihr eine Kräuterbutter mit Knoblauch möchtet vermischt Butter mit gehackten frischen Kräutern oder Kräutern der Provence und mit zerdrücktem Knoblauch.

Tzatziki

250 g Joghurt,
1 Becher Schmant,
½ frische Gurke, geschält und geraffelt,
Salz, 1 – 2 Zehen Knoblauch, frisch gepreßt,
In einer Schüssel verrühre ich Joghurt und Schmant, mit der Gurke und dem Knoblauch. Mit Salz wird abgeschmeckt und das Tzatziki ist fertig. Kühl serviert passt es zu vielen Gerichten. Mit Weißbrot schmeckt es als Vorspeise.

Herzhaftes auch mit Hefeteig
Pizza

Zutaten für eine große Pizza auf dem Backblech oder für zwei runde Pizze✎☆

Ihr könnt auf die Frage, wie der Teig für die Pizza gemacht wird, antworten: „Ich habe eine Backmischung gekauft . . ." oder auch: „Ich nehme für den Hefeteig . . . ."

1 Päckchen Hefe,

1/8 Liter warmes Wasser,

2 Prisen Zucker,

Die Hefe zerbröckelt ihr in einer kleinen Schüssel, streut den Zucker darüber und gebt das lauwarme Wasser dazu. Vermischt die Hefe mit dem Zucker und dem Wasser und stellt die Schüssel an einen warmen Ort, damit die Hefe zu gehen beginnt, das heißt, sie wächst, weil sie sich im warmen Wasser wohl fühlt und sich vom Zucker gut ernähren kann.

Nach ca. 20 Minuten hat sich im Schüsselchen ein blasiger Brei gebildet, der gleich in das Mehl gegeben werden kann.

250 g Mehl,

1 Teelöffel Salz und

¼ Liter warmes Wasser

Jetzt weiter in der Zubereitung des Hefeteiges mit Hilfe der Küchenmaschine:

Das Mehl und das Salz gebt ihr in die Schüssel der Küchenmaschine, die mit dem Knethaken ausgerüstet ist. Hefeteig wird geknetet.

Nun schüttet die Hefe darüber und gebt die Hälfte der Wassermenge dazu. Lasst den Teig gut durch kneten, dabei prüft, ob er zu trocken ist. Wenn ja, dann gebt noch etwas mehr Wasser dazu. Wenn er zu feucht ist, gebt etwas Mehl dazu, bis der Teigklumpen geschmeidig und elastisch ist.

Der Hefeteig muss ordentlich geknetet und geschlagen werden. Er wird dann in einem weiteren Arbeitsgang gut aufgehen, das heißt, er wird sich an Menge mindestens verdoppeln. Dazu braucht er aber Wärme und Zeit. Damit er nicht trocken wird, deckt ihr die Schüssel mit einem Tuch ab und lasst den Teig an einer warmen Stelle in der Küche gehen. 1 – 2 Stunden, damit er sich richtig entfalten kann!

Danach wird er wieder gut geknetet. Nun ist er fertig und kann auf einem bemehlten Brett ausgerollt und in Form gebracht werden.

Die Pizzableche bepinselt ihr leicht mit Olivenöl, dann legt den Teig darauf.
Für den Belag benötigt ihr:
2 Esslöffel Öl,
400 g passierte Tomaten,
2 zerdrückte Knoblauchzehen,
Salz, Pfeffer,
getrockneten Thymian, Oregano, Basilikum,
und nach Wunsch:
> **Schinken, Salami,**
> **klein geschnittenen roten Paprika, Chili,**
> **Zwiebeln, in dünne Scheiben geschnitten,**
> **frische Tomaten, in Scheiben geschnitten,**
> **Mais, Oliven,**
> **Sardellen,**
> **frisches Basilikum,**
auf alle Fälle jedoch:
200 g geriebenen Käse,
in Scheiben geschnittenen Mozzarella
Zuerst bestreicht ihr die Teigfläche mit ein wenig Olivenöl, dann streicht die gewürzte Tomatenmasse auf den Teig und belegt mit den von euch gewünschten Zutaten. Zuletzt legt ihr die Käsescheiben auf oder streut den geriebenen Käse darüber.
Im sehr gut vorgeheizten Ofen backt die Pizza auf der höchsten Stufe ca. 8 – 10 Minuten.
Tipp: Erst wenn ihr die Formen aus dem Backofen herausgeholt habt, legt die Salamischeiben auf.
Fertig ist das Lieblingsgericht

Türkische Pizza

Dazu bereitet ihr einen Hefeteig, im Grundsatz so, wie für die italienische Pizza.
Für ca. 16 Stück benötigt ihr:
2 Kaffeetassen lauwarme Milch,
1 Päckchen Hefe,
1 Teelöffel Zucker,

1200 g Mehl,
1 ½ Teelöffel Salz,
4 Esslöffel Öl,
½ Tasse = 150 ml Wasser,
1 Ei,
2 Esslöffel Joghurt.

Unsere türkische Freundin sagt: „Ihr müsst einen Hefeteig zubereiten und der Teig muss so weich sein wie das „Ohrläppschen", dann muss man ihn gehen lassen und dabei die Backschüssel mit einem Tuch oder einer Folie abdecken."
Ein Tipp:
Während der Hefeteig geht, könnt ihr die Sauce in Ruhe zubereiten.
Aus dem Teig formt dann gleichgroße Bällchen, die ihr in runde, möglichst dünne Fladen ausrollt. Jetzt werden diese mit der Sauce bestrichen und dann im 200 Grad heißen Ofen 8 – 10 Minuten gebacken.
Für die Sauce braucht ihr

500 g Rindergehacktes,
2 - 4 fein gewürfelte Zwiebel,
4 fein gewürfelte türkische Paprika (2 rote und 2 grüne),
frische glatte Petersilie, kleingeschnitten,
1 Dose Tomaten,
1 Esslöffel Tomatenmark,
1 kleine Dose Paprikamark
Tomatensauce (1 Paket – 500 ml - passierte Tomaten z.B.),

etwas Speiseöl,
Salz, Pfeffer, Paprika, Curry, Majoran, Oregano, Basilikum und
Knoblauch nach Geschmack,

Das Hackfleisch in eine Schüssel legen, den Rest der Zutaten sehr fein schneiden, bzw. fein hacken und dazugeben, Öl, Tomaten, Paprikamark und Tomatenmark dazugeben und würzen. Jetzt wird alles gut miteinander verknetet.

Auf jeden ausgerollten Fladen gebt ihr etwa. 2 Esslöffel der Masse, verteilt sie gut auf dem gesamten Fladen, 1 cm Rand lassen, und backt diesen wie angegeben ab.

Die Pizza füllt man mit gemischtem Salat – Mais, Zwiebeln, Weiß- und Rotkohl, Blattsalat, Gurke und Tomate - und auch mit Schafskäse, oder auch noch mit Tzaziki.

Dann wird die Pizza aufgerollt und aus der Hand gegessen.

Übrigens, da fällt mir noch eines eurer Lieblingsgerichte ein:

Chili con carne

Wieder ist die Zutatenliste einfach

2 Esslöffel Öl
250 g Rindergehacktes,
1 fein gewürfelte Zwiebel,
1 Dose rote Bohnen, Kidneybohnen, ganz mit Flüssigkeit,
200 g gewürfelte frische Tomaten oder 1 Dose Tomaten in Stü-
cken,
Salz, Pfeffer,
1 Tütchen Chili-con-carne Gewürz.

Die Zwiebel und das Gehackte wird in einem Topf im Öl angebraten, dann gebt ihr die Tomaten hinzu, jetzt kommt schon das Chiligewürz in den Topf und alles wird gut verrührt. Zuletzt schüttet ihr die Bohnen hinein, verrührt, schmeckt ab und lasst das Ganze ca. 13 Minuten leise, auf kleiner Flamme köcheln.

Süße Lust
☆☆☆☆

Quarkspeisen

Schaumkakao

Apfelauflauf

Bratäpfel, wie Uroma sie machte

Vanillesauce

Gebratene Bananen

Früchte mit Schokolade

Schokoladenaufstrich

Orangenteller

Fruchtige Eiswürfel

Eissplittertorte

Fruchtige Cocktails

Quarkspeisen

Zur Quarkcreme braucht ihr

**250 g Speisequark (Mager- oder Vollfettquark),
ca. 60 g Zucker,
Milch.**

Gebt Quark und Zucker in eine Schüssel und rührt ihn unter Zugabe von Milch zu einer weichen Creme.
Das ist das Grundrezept für alle Quarkspeisen.

Die Quarkcreme kann man durch die Beigabe von verschiedenen Geschmackszutaten beliebig verändern:

Die Quarkmasse anstatt mit Milch mit Saft glatt rühren. Dazu eignet sich frisch gepresster Apfelsinensaft, Sanddornsaft. Oder Ananassaft.
Die Quarkcreme mit beliebigen kleingeschnittenen Früchten vermischen, wie z.B. mit Äpfeln, Bananen, Orangen, Ananas, oder mit gezuckerten Beeren: Erdbeeren, Blaubeeren oder Brombeeren.
Garnieren könnt ihr die Speisen mit Schokoladenstreusel oder geriebener Schokolade oder mit geriebenen Haselnüssen oder mit Mandeln.

Schaum Kakao

**lösliches Schokopulver,
¾ Liter Milch.**

Der Trick bei diesem Kakao ist der Schaum, denn dadurch verhindert ihr, dass sich die ungeliebte Haut auf der Milchoberfläche bildet.
Ihr benötigt einen hohen Kochtopf und einen Schneebesen. Schüttet die Milch in den Topf und setzt ihn auf die passende Herdplatte bei mittlerer Hitze auf. Jetzt erwärmt sich die Milch langsam. Und nun kommt der Trick:
Während die Milch warm wird, rührt ihr unablässig mit dem Schneebesen im Topf. Schon bald beginnen sich viele kleine Bläschen zu bilden. Wenn ihr das durchhaltet, habt ihr gleich eine herrliche Schaummilch im Becher, in die ihr nach Geschmack das Schokopulver hineinrühren könnt.
Die Milch soll nicht zum kochen kommen. Vorsicht, ihr dürft euch nicht ablenken lassen, denn Milch setzt sich schnell am Topfboden an, man sagt auch, sie brennt an, oder sie kocht ganz schnell über.

Apfelauflauf

Dieses Rezept habe ich von eurer Oma aus Essen. Damals, als wir, euer Papa und eure Mama noch sehr jung verheiratet waren, gingen wir oft am Nachmittag zu Papas Eltern, um mit ihnen Kaffee oder Tee zu trinken. Manchmal duftete es schon im Hausflur nach Äpfeln, es gab den herrlichen Apfelauflauf:

Dazu benötigt ihr für den Teig✎☆

300 g Mehl,
75 g Butter,
100 g Zucker,
warme Milch.

Aus diesen Zutaten knetet ihr einen Teig (wie Mürbteig), der dann ausgerollt wird und in eine gebutterte feuerfeste Form gelegt wird. Die Seiten sollen über den Rand der Form reichen.

Für die Füllung✎☆

4 – 6 große Äpfel, die sich zum Kochen eignen z.B. Boskop
60 g Zucker, Zimt
Rosinen nach Geschmack, Zimt nach Geschmack.

Jetzt schält ihr die Äpfel, viertelt sie und entfernt das Kerngehäuse. Nun schneidet ihr die Viertel in schmale Stücke, die sofort in die Form gefüllt werden.

Tipp: Hier ist schnelles Arbeiten wichtig, denn die zerteilten Äpfel werden durch die Lufteinwirkung braun. Mit etwas Zitronensaft kann man das Braunwerden abmildern, nur sollte der Auflauf nicht zu sauer schmecken. Der Saft einer halben Zitrone ist ausreichend.

Zwischendurch gebt ihr esslöffelweise den Zucker darüber. Wer Rosinen mag, kann welche dazugeben.

Legt den überstehenden Teig über die Äpfel und schiebt die Form in den auf 200 Grad vorgeheizten Heißluftofen.

Nach etwa 20 Minuten sind die Äpfel im Teig so weit, dass ihr nun 1 Becher süße Sahne, verrührt mit 30 g Zucker und 1 Ei darüber geben könnt.

Nun muss der Auflauf noch ca. 10 – 15 Minuten backen.

Er kann heiß, warm oder auch kalt gegessen werden.

Vanillesauce (geht am schnellsten, wenn ihr ein Tütchen kauft und nach Anleitung arbeitet) schmeckt dazu sehr gut.

Wer Zimt mag, kann sich ein wenig darüberstreuen.

Bratäpfel wie Uroma sie machte

Für 4 Personen braucht ihr dazu **4 Äpfel** (von einer Sorte wie beim Apfelauflauf**),**
4 Teelöffel Butter,
4 Teelöffel Zucker oder Marmelade
(vielleicht etwas Zimt, wer mag, kann auch Rosinen und gehackte Nüsse dazu geben, das machte eure Uroma aber nie, sie nahm Marmelade, weil sie die im Sommer selbstgemacht hatte und somit im Winter zur Verfügung stand!).
Eine feuerfeste Form wird dünn eingebuttert, dann heizt ihr den Backofen auf 200 Grad vor.
Die Äpfel werden gewaschen und getrocknet.
Mit dem Kernausstecher bohrt ihr das Kerngehäuse aus dem Apfel heraus. Der Apfel muss ganz bleiben.
Nun stellt ihr die Äpfel mit der schmalen Seite nach unten in die Form, gebt in jedes Loch Butter und Zucker und schiebt die Form in den Ofen auf die unterste Einschiebeleiste.
Nach etwa 20 Minuten sind die Äpfel gar.
Prüft während des Backens, die Äpfel sollen gar sein, aber nicht zerfallen.
Die Vanillesauce nach Packungsanleitung herstellen oder so:

Vanille Sauce

1 Ei,
2 Teelöffel Stärkemehl (Mondamin),
300 ml Milch,
5 Esslöffel Zucker,
1 Esslöffel Vanillezucker oder noch besser: 1 Vanilleschote, die der Länge nach aufgeschnitten werden muß, damit die winzigen schwarzen Samen in die Milch gelangen und damit der Vanillegeschmack.
So wird es gemacht:
2 Löffel Milch mit dem Ei, dem Zucker und dem Stärkemehl in einem Kochtopf gut verschlagen, dann die restliche Milch hinzufügen, die echte Vanilleschote hineingeben und alles auf mittlerer Hitze erwär-

men. Vorsichtig dabei immer mit dem Schneebesen umrühren, damit die Sauce nicht klumpt. Wenn sie gut warm ist, schüttet sie in einen Krug und lasst sie erkalten. Dann erst nehmt ihr die Vanilleschote heraus.

Wenn ihr mit fertigem Vanillezucker arbeitet, gebt ihn erst hinzu, wenn die Sauce schon warm ist.

Gebratene Bananen

Als ich mit zehn Jahren für einige Zeit in Malaisia war, machte der chinesische Koch manchmal schnell extra für mich gebratene Bananen.

In einer Pfanne zerließ er etwas Fett, (ihr nehmt Butter) und legte die halbierten Bananen hinein. Nach kurzer Zeit schon duftete es und mir lief das Wasser im Mund zusammen.

Manchmal werden uns Bananen zu weich, wir mögen sie dann nicht mehr. Wegwerfen verbietet sich. Als Nachtisch oder als Süßigkeit am Nachmittag schmecken sie gebraten sehr lecker. Ihr macht das wie oben beschrieben. Nach 1 Minute schon könnt ihr sie in der Pfanne wenden und noch etwas Honig darüber geben.

Früchte mit Schokolade

Dazu braucht ihr warme, flüssige Schokolade und Obst wie z.B. Trauben, Bananenstücke, Apfelstücke, Erdbeeren, und Holzspieße.

Die Schokolade, Zartbitter, Vollmilch oder weiß, je nach Geschmack, wird in Teilen in eine Metallschüssel gelegt. Probiert vorher, ob ihr einen Kochtopf habt, auf den die Schüssel passt. Im Kochtopf ist Wasser, das ihr zum Kochen bringt. Dadurch erhitzt sich die Schüssel, und die Schokolade schmilzt.

Habt ihr einen Simmertopf, ist das Ganze einfacher,

Ist die Schokolade geschmolzen, taucht ihr die Obststücke am Spieß zur Hälfte hinein und – Guten Appetit!

Schokoladenaufstrich

Zu diesem süßen Brotaufstrich benötigt ihr:
1 Tasse süße Sahne,
7 Esslöffel Butter,
1 Prise Salz,
1 Tasse gesiebten Kakao,
1 ½ Tassen Zucker,
1 Tütchen Vanillezucker

In einer kleinen schweren Kasserolle oder einem Edelstahltopf mit einem dickem Boden werden Sahne, Butter, Salz, Kakao Zucker und Vanillezucker vermengt. Dann lässt man sie langsam warm werden und über **schwacher Hitze leise köcheln.**
Es ist ganz wichtig, dass ihr dabei die ganze Zeit umrührt und den Topf nicht aus den Augen lasst.
Etwa nach fünf bis sieben Minuten ist eine dicke und glatte Sauce entstanden.
Jetzt nehmt ihr die Kasserolle vom Herd und während die Sauce etwas auskühlt, holt ihr ein Glas oder ein Marmeladentöpfchen mit Deckel.
Da hinein füllt ihr die Sauce – das geht gut mit einem Teigschaber.
Seht zu, dass ihr die Ränder nicht bekleckert und stellt das Gefäß in den Kühlschrank.

Dieser Schokoladenaufstrich ist eine herrliche Schleckerei, die auch Vätern besonders gut schmeckt. Außerdem können Menschen, die sonst die üblichen Nuss-Schokoaufstriche nicht mögen oder vertragen, hier auch einmal schwach werden, ohne, dass sie es bereuen.
Der Aufstrich ist ca. vier Wochen im Kühlschrank haltbar. Bei uns ist das Glas jedoch innerhalb weniger Tage leer.

Orangenteller

Eine Speise, die erfrischt:
4 Apfelsinen, geschält und in Stücke zerteilt,
5 Esslöffel Puderzucker,
1 Teelöffel Zimtpulver,
nach Geschmack Rosinen.

Auf einem großen Teller werden die Orangenschnitze wie eine Blüte angeordnet, dann vermischt ihr den Zucker mit dem Zimt und bestreut die Orangen damit. Eventuell noch die Rosinen darüber verteilen und dann stellt ihr den Teller für 1 – 2 Stunden in den Kühlschrank.
Als Nachtisch oder als Erfrischung an einem heißen Tag ist diese Obstspeise sehr gut geeignet.

Fruchtige Eiswürfel

Diese kleine Spielerei aus Obst ist für heiße Tage gedacht oder als besondere Zugabe zu euren Partygetränken:
Ihr braucht kleine Plastikschälchen oder eventuell lassen sich die Eiswürfelbehälter, die im Kühlfach des Kühlschranks liegen, benutzen.
In das Schälchen legt ihr eine Erdbeere, Himbeere, Brombeere oder ein kleines Stück Ananas oder auch ein kleines Stückchen einer Orangen- oder Zitronenscheibe.
Dann füllt ihr mit Wasser auf und stellt es ins Gefrierfach.
Am nächsten Tag habt ihr eine Frucht im Eismantel.
Viel Spaß beim Trinken dieser eisgekühlten Getränke.

Eissplittertorte

6 - 8 kleingedrückte Baisers (die großen, die es beim Bäcker gibt),
5 Becher Schlagsahne, sehr steif geschlagen,
1 - 2 Päckchen Krokant,
2 Tafeln Schokolade, in Borken geschnitten,
nach Geschmack 20 zerbrochene After Eight – Täfelchen.

Ihr braucht entweder 1 Springtortenform, die ihr mit Backpapier auslegt oder einen großen Kunststoffteller und einen Tortenring, der auf die entsprechende Größe eingestellt wird.

In einer sehr großen Schüssel die zerdrückten Baisers, die Schokolade, das Krokant und die Minztäfelchen mit der steif geschlagenen Sahne vorsichtig aber gut vermischen.
Dann in die vorbereitete Form füllen und im Gefrierschrank einige Stunden am besten über Nacht kalt stellen.

Diese Eisfreude hat mir meine Freundin Ursula verraten. Die schnell zubereitete Torte ist äußerst beliebt und wird besonders als Geburtstagstorte geschätzt.

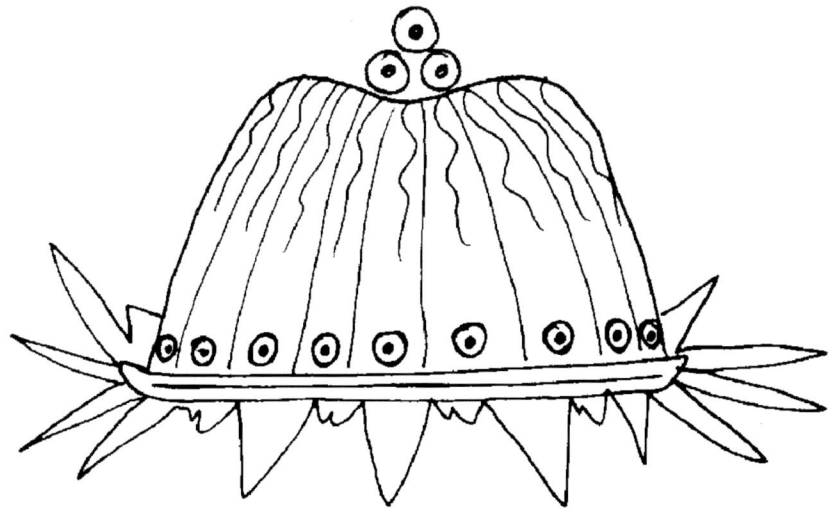

Kinder möchten und müssen viel trinken. Erwachsene sagen oft: „Trink nicht so viel." Oder: „Während des Essens darfst du nicht trinken." Später dann sagen die Mediziner zu den Erwachsenen: „Sie müssen viel trinken, mindestens 1 ½ Liter am Tag." Hier scheint etwas falsch zu laufen. Natürlich sollen Kinder und Jugendliche nicht hauptsächlich Cola und süße Limos trinken, sondern so oft sie wollen, Sprudel, Wasser, Tee, Milch und Fruchtsäfte. Wenn's einmal etwas besonderes sein soll, lassen sich Milchshakes im Mixer mit frischen Zutaten einfach selbst zubereiten. Für die Fete eignen sich die etwas aufwendigen nicht alkoholischen Cocktails.

Fruchtige Cocktails

Mint Orange
2 cl Pfefferminzsirup,
1 cl Limettensirup,
16 cl Bitter Orange,
Eiswürfel,
Limetten,
frische Minze.

Zubereitung: Pfefferminz- und Limettensirup mit einigen ┆ in den Shaker geben und kräftig schütteln. Die Mischung durch ein Sieb auf Eiswürfel in ein großes Glas abgießen. Nach Geschmack mit Bitter Orange auffüllen und umrühren. Einen Minzezweig oder ein Minzeblatt und Limettenviertel direkt ins Glas geben.
Mengenangabe: 1 Glas, 20 cl (200 ml), alkoholfrei.

Südwind
2 l Apfelsaft   **Zuckerrand:**
2 l Cola   **Himbeersirup und Zucker**

Zubereitung: Zutaten gut verrühren, sofort auf Eis in hohen Gläsern mit Zuckerrand servieren.

Der Zuckerrand entsteht so: In einen Unterteller etwas Sirup geben, Glasrand eintauchen und dann sofort in Kristallzucker tauchen. Diesen gibt man am besten auch auf einen kleinen Teller und achtet darauf, dass der Rand nicht zu dick und breit wird.
Mengenangabe: Ca. 30 Longdrinkgläser mit 125 ml Inhalt, alkoholfrei.

Grüne Welle

4 cl Pfefferminzsirup,
12 cl Tonic Water,
frische Pfefferminzblättchen,
oder:
2 cl Pfefferminzsirup,
2 cl Orangensaft,
12 cl Tonic Water,
frische Pfefferminzblättchen.

Zubereitung: Alle Zutaten im Shaker mixen, auf gestoßenes Eis ins Longdrinkglas geben und mit Minzeblättchen garnieren.
Mengenangabe: 1 Glas, 16 cl (160 ml), alkoholfrei.

Zitronentraum

1 l Ananassaft,
0,5 l Orangensaft,
0,1 l Zitronensaft,
0,1 l Zuckersirup,
1 l Bitter Lemon,
0,7 l Mineralwasser,
6 Zitronen, in Achtel geschnitten.

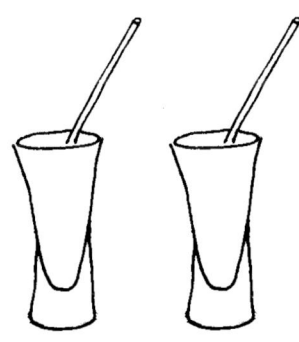

Zubereitung: Die Säfte mit dem Zuckersirup verrühren und mit 4 in Achtel geschnittenen Zitronen ansetzen, ½ Stunde durchziehen lassen. Abschütten durch ein Sieb und mit Bitter Lemon und Mineralwasser auffüllen. In Gläser füllen und mit einer dünnen Zitronen-

scheibe, die an den Glasrand gesteckt wird, dekorieren. Ein Zuckerrand ist ebenfalls passend zu diesem Getränk.
Mengenangabe: Ca. 20 Longdrinkgläser mit 125 ml Inhalt, alkoholfrei.

Red Apple

2 l Apfelsaft
1 l Aprikosensaft
1 l Johannisbeersaft

Zubereitung: Die Zutaten gut vermischen, sofort auf Eis servieren;
zur Jahreszeit passend mit einer Rispe roter Johannisbeeren auf einem fröhlichen Cocktailrührer garnieren oder sonst mit einem Apfel-
spieß servieren.
Mengenangabe: Ca. 30 Longdrinkgläser mit 125 ml Inhalt, alkoholfrei.

Baby Pina Colada

16 cl Ananassaft,
2 cl Sahne,
4 cl Cream of Coconut,
Eiswürfel,
Ananas,
Cocktailkirschen.

Zubereitung: Alle Zutaten in den Mixer geben und gut aufmixen.
Auf Eiswürfel in ein Longdrinkglas gießen. Eine geviertelte Scheibe
Ananas an den Glasrand stecken, ein oder zwei Cocktailkirschen di-
rekt ins Glas geben, mit einem Trinkhalm servieren.
Mengenangabe: 1 Glas, 22 cl (220 ml), alkoholfrei.

Was sonst noch wichtig ist

Tipps für Menschen mit Zahnspangen

Viele von euch müssen für längere Zeit eine Zahnspange tragen. Besonders bei den „festen" Zahnspangen ist das mit dem Essen nicht immer einfach. So richtig in einen Apfel oder in eine Möhre reinbeissen geht nicht, weil sich dabei eines der Brackets lösen könnte. Also bereitet ihr Apfelschnitze und reibt rohe Möhren, die ihr vielleicht als Salat zubereitet.

Manche Speisen verbieten sich, weil sie sich in den Drähten und den Brackets festsetzen und mühsam herausgespült und geputzt werden müssen.

Jedes Mal nach dem Besuch beim Kiefernorthopäden leidet ihr noch zwei oder drei Tage, weil sich die Zähne erst wieder an die neue Einstellung gewöhnen müssen. Dann mögen viele nur weiche Kost zu sich nehmen, wie zum Beispiel:

Kartoffelbrei mit Rührei oder Spinat (danach muss auch wieder gut geputzt und gespült werden) oder Nudelsuppe. Wenn's im Mund ganz schlimm schmerzt, kann auch die Baby-Gläschennahrung eine Möglichkeit sein. Joghurt mit Marmelade oder eine Quarkspeise mit zerdrückter Banane helfen auch über diese Zeit hinweg.

Tipps in der Küche ✩

Kochkiste: Die Kochkiste ist ein Holzkasten, der innen dick mit unterfüttertem Stoff ausgekleidet ist. Man benutzte sie früher zum sparsamen und langsamen Garen und Ausquellen von Getreide und Reis. Heute gibt es Kochkisten aus Styropor mit Edelstahltopf. Ihr Zweck ist der gleiche.

Kühlschrank: Im Kühlschrank werden Gerüche schnell übertragen. Stark riechende Speisen oder Lebensmittel sollten immer gut abgedeckt oder mit Folie verschlossen sein. Milch, Butter, Quark, Eiswürfel z.B. nehmen Fremdgerüche ganz schnell an.

Messer: Die Küchenmesser, mit denen ihr arbeitet, sollten richtig scharf sein. Nur dann lassen sich die kleinen feinen Porreestreifen oder Zwiebelwürfel wirklich gut schneiden. Außerdem sollten sie feste Klingen haben, damit gerade Schnitte gemacht werden können.

Brot: Ich habe noch meine Tanten erlebt, wie sie den Brotvorrat für zwei Wochen bereiteten. Sie ließen das Roggenmehl mit dem Sauerteig zwei Tage gehen, dann wurde geknetet und zum Schluß legten sie Teiglaibe in dick gemehlte große runde Körbe und fuhren diese auf dem Bollerwagen in den Ort, wo sie dann im Gemeinschaftsbackofen gebacken wurden. Heutzutage müsst ihr wissen, dass diese sinnvolle und unser Verdauungssystem schonende Brotzubereitung mit Natursauerteig zunehmend ersetzt wird durch ein künstliches Schnellverfahren mit dem sg. „Kunstsauer" Jetzt schmeckt das Brot zwar sauer, aber es findet keine Umwandlung der Stoffe statt, die wir nicht gut

98

vertragen können. Zwar erleichtert der „Kunstsauer" dem Bäcker das Handwerk, alles geht schneller und ist billiger, aber für unseren Körper ist solches Brot schwer verdaulich. Fragt beim Kauf nach Brot mit natürlichem Sauerteig.

Butter: Ist eines der natürlichsten Fette, das sogar wieder für die Vollwerternährung empfohlen wird. Im Gegensatz zur industriell hergestellten Margarine, die dem von der Industrie proklamiertem Ziel, der Vorbeugung vor hohen Cholesterinwerten zu dienen, in keiner Weise nahe kommt, sondern sogar das Gegenteil bewirkt, kann Butter in Maßen und ohne schlechtes Gewissen genossen werden.

Braten mit Butter ist bekömmlich und schont das Fleisch, weil der Bratvorgang langsam und nicht so heiß vor sich geht. Der Fleischsaft bleibt im Fleisch, das Fleisch bleibt weich und saftig. Frische Butter spritzt beim Erhitzen in der Pfanne oder im Topf, weil sie geringe Mengen an Wasser enthält. Deshalb fügt beim Braten mit Butter immer ca. 1 Esslöffel Öl hinzu. Beim **Butterschmalz** hat man die Wasseranteile und alle nicht fettenden Bestandteile fast ganz aus der Butter entfernt. Es eignet sich zum Braten mit großer Hitze, schmeckt gut und ist länger haltbar als Butter.

Eier: Der einzige Grund, warum ihr nicht übermäßig viele Eier essen solltet ist der, dass die Eierproduktion, wie das Wort schon sagt, heute leider sehr unnatürlich und für die Hühner quälend vor sich geht. Wenn ihr also einen Bauern kennt, der seine Hühner noch draußen laufen lässt, dann kauft eure Eier bei ihm – und genießt sie.

Fleisch: Das gilt auch für den Fleischkonsum. Es ist nicht notwendig, jeden Tag Fleisch zu essen. Wenn wir wenig

Fleisch kaufen, dann könnte irgend wann einmal die heute völlig überzogene Art, wie Tiere zum Verbrauch herangemästet werden, wieder auf ein niedrigeres Niveau zurück gehen. Gute und gesunde Ernährung ist auch mit nur wenig tierischem unkompliziert Eiweiß möglich.

Geflügel: Auch für die Aufzucht von Geflügel gilt das, was schon beim Fleisch beschrieben wurde. Kauft Geflügel und Fleisch bei einem Fleischer, der gute Ware im Angebot hat. Frisches Geflügel, Hühner- oder Putenbrust, Hühnerschenkel zu kaufen ist besser, als tiefgefrorenes. Wenn ihr das Geflügel verarbeitet, reinigt danach sofort das Schneidebrett und das Messer unter heißem Wasser und wascht eure Hände gründlich. So könnt ihr einer möglichen Salmonellenverunreinigung vorbeugen.

Gemüse: Biologisch angebautes Gemüse ist ohne chemische Hilfen und Dünger gewachsen. Es ist als solches gekennzeichnet und meist teurer. Für alles Gemüse, das in den Geschäften angeboten wird, gilt, es ist dann von Qualität, wenn es seinen speziellen Duft ausströmt, wenn es nicht ausgetrocknet und angedötscht ist. Ich finde es immer wichtig, wenn man das Gemüse kauft, das zur Zeit gerade im Land reif ist.

Hefe: Frische Hefe hält sich im Kühlschrank meist mehrere Wochen, wenn sie in ein Plastiktütchen gewickelt wird. Beachtet das Haltbarkeitsdatum schon beim Einkauf!

Kräuter: Frische Kräuter solltet ihr immer schnell verwenden. Mit der Küchenschere lassen sie sich nach dem Waschen prima zerkleinern. Sie halten sich 1 – 2 Tage im Gemüsefach des Kühlschranks oder ins Wasser gestellt frisch.

Getrocknete Kräuter behalten ihren Duft, sollten jedoch in einem Geschäft gekauft werden, wo sie schnell verkauft werden. Sie halten sich in dunklen Gewürzbehältern etwa 1 Jahr lang.

Vorbereiten: Vor dem Kochen oder Backen ist es schlau, wenn ihr euch alle Zutaten zurechtstellt. Eine Küchenuhr ist ganz nützlich. Sie erinnert an die Koch- oder Bratdauer.

Zucker: Über Zucker wird viel geredet. Die einen sagen, Zucker ist schädlich, vor allem für die Zähne, die anderen meinen, es ist am Besten, wenn Zucker ersetzt wird durch zB. Honig oder Ahornsirup oder durch Zuckerersatzstoffe, die **Süssstoffe**. Zucker ist in den meisten industriell hergestellten Fertigprodukten in nicht zu verachtenden Mengen enthalten, und oft merken wir das überhaupt nicht! Das ist das Gemeine. Ihr müsst wissen, bei allem, was ihr selbst zubereitet, habt ihr es in der Hand, wieviel Zucker darin ist. Zucker ist nicht schädlich, wenn er in Massen und bewusst verwendet wird, der Körper braucht ihn sogar. **Süssstoffe solltet ihr unbedingt vermeiden, sie bringen euren Körper völlig durcheinander und veranlassen, dass ihr noch mehr Hunger und Appetit bekommt.**

Vor allem aber solltet ihr euch bei Fertigprodukten genau die Inhaltsangabe auf der Verpackung anschauen, dort findet ihr alle verwendeten Zuckerarten, wie zB: Saccharose, Dextrose (Traubenzucker), Fructose (Fruchtzucker), Maltodextrose (Malzzucker).

Persönliche **Bücher**, die uns in der Küche begleiten:

Marey Kurz: Vollwertkost, die Kindern schmeckt, Gräfe und Unzer, ein Buch, das sehr gute Vorschläge enthält, wenn ihr euch für Vollwertgerichte interessiert.

Christine Nöstlinger: Mit zwei linken Kochlöffeln, dtv, dieses Buch von der bekannten österreichischen Kinderbuchautorin ist höchst vergnüglich zu lesen. Die Kochanleitungen sind einfach und fetzig.

Johannes Mario Simmel: Es muss nicht immer Kaviar sein, mit diesem Buch fing bei mir die Kochleidenschaft an. Ich las es, als ich 14 Jahre alt war.

Walt Disneys: Kochen mit Winnie Puuh; und Christina Björk & Lena Anderson: „Linus lässt nichts anbrennen", haben meine Kinder zu ihren ersten selbständigen Kochversuchen angeregt.

Das Buch übers Weihnachtsbacken aus dem Karl Müller Verlag. Da ich vorm Plätzchen- und Kuchenbacken Respekt habe, war ich froh über dieses übersichtliche Backbuch.

Rotraud Degner: „So kocht Italien", Hörmann Verlag, war mein erstes großes Kochbuch mit einer Vielzahl von landestypischen Rezepten.

Bisher erschienene Bücher im Verlag:

RASS'SCHE
VERLAGSGESELLSCHAFT
GMBH

Die Schokolade des Riesen

Ein wunderschönes Märchen von einem Riesen, einem Dorf welches für seine Schokoladenpralinen und Torten weltberühmt ist und dem Geheimnis was mit der Schokolade geschah.
Erscheinungstermin: April 2001

ISBN-Nr. 3-9807574-2-0 D   EUR 10,15   DM 19,80
ISBN-Nr. 3-9807574-1-2 GB   ÖS 145,00   SFR 19,10

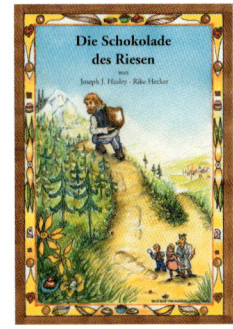

Casey's Traum

Dies ist die Geschichte über einen sehr talentierten jungen Eishockeyspieler namens Casey. Sein Wissen, sein Talent und seine Liebe zum Spiel helfen dem Team, einiges über Fairness und Teamgeist zu lernen. Als die neue Saison beginnt, ist es für Casey schwer, den Trainingsplan einzuhalten, da er zu Hause gebraucht wird. So entwickeln seine Freunde einen Plan ihm zu helfen.
Erscheinungstermin: April 2001

ISBN-Nr. 3-9807574-4-7 D   EUR 10,15   DM 19,80
ISBN-Nr. 3-9807574-3-9 GB   ÖS 145,00   SFR 19,10

Max träumt von Lola

Auf den Kater kamen wir durch die Nachbarskatze, die sich uns als "Menschen auf Zeit" ausgesucht hatte. Sie hat uns davon überzeugt, dass wir nicht mehr ohne Katze sein wollten. Irgendwo im Bergischen hatte man einen Kater gefunden, und so kam Max als Findelkind zu uns. Wie er leise aber zielstrebig unser Leben umkrempelt und zum Mittelpunkt der Familie wird, erzählen diese Episoden aus unseren ersten sechs Jahren mit ihm.
Erscheinungstermin: Juni 2001

ISBN-Nr. 3-9807574-0-4   EUR 10,15   DM 19,80
    ÖS 145,00   SFR 19,10

Nudeln, Tomaten, Knoblauch und mehr

Dieses Kochbuch ist allen kochbegeisterten jungen Menschen gewidmet, die neugierig sind und gerne ausprobieren.
Erscheinungstermin: August 2001

ISBN-Nr. 3-9807574-5-5   EUR 15,30   DM 29,90
    ÖS 218,00   SFR 28,50

Danke

Sabine, Charlotte, Peter, Alf Sander

Nadine Willems

Ilse Sander

Stephanie Straberger

Stefanie Degle

Ursula-Maria Elbracht

Frau Bayiryus

Frau Bernert

Gertraud Sander, geboren 1950 in Österreich, studierte nach dem Abitur Erziehungswissenschaften, machte das Diplom als Pädagogin, arbeitete nach dem Studium in den verschiedensten Bereichen, heiratete und bekam drei Kinder, Sabine, Peter und Charlotte.

1985 erkrankte ihre Tochter Sabine an einem seltenen Lungen- und Herzleiden und starb drei Jahre später mit knapp neun Jahren. Die Erfahrungen mit der Krankheit und dem Tod ihrer Tochter haben zu einem verstärkten Engagement geführt. 1987 gründete Gertraud Sander mit anderen Betroffenen gemeinsam die „Elterninitiative herzkranker Kinder, Köln e.V." und war neun Jahre deren Vorsitzende.

Zudem setzte sie sich ausführlich auch publizistisch mit dem Themenbereich auseinander. Sie verfasste Broschüren über das Leben mit einem Herzfehler und über den Umgang mit Tod und Trauer. Ihre persönlichen Erfahrungen sind nachzulesen in dem Buch „Neun Strahlen hat die Sonne".

Kindern und Jugendlichen gilt daher ihre besondere Aufmerksamkeit. Sie setzt sich für sie ein, möchte ihnen Freude vermitteln und ihnen Unterstützung geben. So schreibt sie nicht nur amüsante Geschichten, zum Beispiel über Kater Max, sondern sie kocht auch noch so gut, dass Schüsseln und Töpfe für die jungen Leute in ihrem Haus zum unwiderstehlichen Anziehungspunkt werden.

Dabei ist das gemeinsame Essen am Tisch nicht das einzige verbindende Moment für Kinder, Eltern und Gäste, sondern auch die Zeit der Zubereitung in der Küche. Da wird geredet und diskutiert und so ganz nebenbei helfen die jungen Leute mit und lernen. Das Interesse ist geweckt und die Frage nach dem Rezept kommt garantiert.

Gertraud Sander lebt und arbeitet in Bergisch Gladbach.